Leo Oorbrug

REISE DURCH EUROPA MIT DEM HAUSBOOT

Bilder von
Martin Schulte-Kellinghaus & Erich Spiegelhalter
Texte von
Beate Kierey & Hubert Matt-Willmatt

BÉAL AN ÁTHA MÓIR
BALLINAMORE

Inhalt

Erste Seite:
Dem grünen Dschungel auf der Müritz-Havel-Wasserstraße verleihen manchmal sogar die seltenen Eisvögel einige bunte Tupfer.

Seite 2/3:
Zahlreiche Schleusen und Hebebrücken in Holland sind Beispiele der Kanalbaukunst, wie hier die Mijndense-Sluis bei Mijnden, die von Loosdrecht auf die Vecht und dann nach Amsterdam führt.

Seite 4/5:
Auf dem Devenish Island im Lower Lough Erne befinden sich die Reste eines Klosters aus dem 6. Jahrhundert und der weithin sichtbare Rundturm.

Seite 8/9:
Im Spreebogen liegt das Regierungsviertel mit dem imposanten Kanzleramt, dem Abgeordnetenhaus und dem Reichstag. Zwischen der Moltkebrücke und der Kronprinzenbrücke wurde der Kanzleramtssteg über die Spree errichtet.

Europas Hausboot-reviere von den Masuren bis zum Midi

Es ist unbestritten: Frankreich ist das klassische Land des Hausbootfahrens. Nachdem die Kanäle ihre wirtschaftliche Funktion verloren hatten und der Verkehr der Waren und Personen sich mehr und mehr auf die Straße verlagerte, dümpelte das Kanalsystem, abgesehen von den großen Verbindungskanälen und der Flussschifffahrt vor sich hin. Es waren Engländer, die die Mode des Hausbootfahrens zuerst an den Canal du Midi im sonnigen Süden Frankreichs brachten. Doch Deutsche und Schweizer ließen sich bald anstecken und mehrere Bootsverleihfirmen gründeten Basen und vermieteten ihre Boote auf dem Kanal, der seit 1996 mit dem Prädikat Weltkulturerbe der UNESCO ausgezeichnet und seit 1997 zum Landschaftsschutzgebiet erklärt wurde. Kanäle, die nicht mehr unterhalten wurden, konnten mit Hilfe der 1991 gegründeten Behörde „Voies navigables de France“ (VNF) wieder für touristische Belange instand gesetzt werden. Gleichzeitig wurde man sich des großen kulturellen Erbes der Wasserstraßen bewusst. In über 70 Museen findet man

Die Obere Havel-Wasserstraße besteht seit dem 17. Jahrhundert und hat eine Länge von fast 100 Kilometern. Da sie selten und nur im unteren Teil von der Berufsschifffahrt genutzt wird, eröffnen sich ideale Freizeitgewässer im Nordosten Deutschlands.

Nicht alles was schwimmt, ist auf den Kanälen zugelassen, doch diese Crew hat sich den Traum vom schwimmenden Eigenheim auf der Oberen Havel-Wasserstraße erfüllt.

Zeugnisse zur Geschichte der Kanäle. Das nationale Museum „de la Batellerie" in Conflans-Sainte-Honorine mit seiner permanenten sowie Wechselausstellungen und seiner Bibliothek lohnt immer einen Besuch – denn es zeigt ausführlich die Entwicklung auf Frankreichs Kanälen von der Last- zur Lustschifffahrt.

Die schiffbaren großen Flüsse, wie die Rhône oder Seine, sowie die Kanäle, die die Flüsse und letztendlich die Meere miteinander verbanden, haben auf die wirtschaftliche Entwicklung Frankreichs sehr großen Einfluss ausgeübt. Als Transportwege für Lasten beförderten sie jahrhundertelang die notwendigen Lebensmittel und Waren in die Städte, die ohne die Lastkähne nicht überlebens- und entwicklungsfähig gewesen wären. In der vorrevolutionären Zeit suchte das absolutistisch regierende französische Königshaus nach immer neuen Möglichkeiten, Geld in den maroden Staatssäckel zu scheffeln. Der französische Finanzminister Jean-Baptist Colbert machte Ludwig dem XIV., dem die Kosten der teuren Hofhaltung in Versailles und der kolonialen überseeischen Eroberungen über den Kopf gewachsen waren, einen einfachen Vorschlag. Günstige Rohstoffe sollten bevorzugt aus den Kolonien eingeführt, und teure, im Land verarbeitete Fertigprodukte ausgeführt werden. Dieses System des Merkantilismus sah Manufakturen vor, in denen die Rohstoffe zu höherwertigen Produkten verarbeitet werden sollten. Das Transportsystem der Kanäle wurde zur lebenswichtigen Ader Frankreichs, sie waren den langsam vorwärts kommenden Ochsenwagen auf den zum Teil noch aus römischer Zeit stammenden Handelsstraßen bei weitem überlegen. Flussaufwärts wurden von den Häfen mit Meereszugang die Rohstoffe transportiert, flussabwärts die zum Export bestimmten Fertigwaren.

Die Kanäle erlaubten auch, Gemüse und Obst, Wein, Käse und Fleisch, Vieh und Stoffballen von einem Landesteil in den anderen zu verschiffen. Das in den Textilmanufakturen, in den Textilfärbereien oder bei der Gobelinherstellung

Links:
Wenn es einmal regnen sollte, wie hier auf der Müritz-Elde-Wasserstraße, verlegt man den Steuerstand von der Flying Bridge kurzerhand in das Boot – manche Boote bieten nur einen Innensteuerstand, wobei die fabelhafte Rundumsicht etwas fehlt!

Unten:
Bei Friedrichstal kreuzt eine kleine Fahrgastfähre den viel befahrenen Oder-Havel-Kanal.

entwickelte Wissen bildete die Grundlage des späteren Siegeszuges der französischen Haute Couture, die heute noch bei den jährlichen Modeschauen in Paris ihre Triumphe feiert. Und die französische Parfümherstellung wäre ohne die bis dahin unbekannten neuen exotischen Düfte nicht zu dem geworden, was ihren Ruf heute noch ausmacht. Die Porzellan- und Keramikmanufakturen sorgten für das entsprechende Geschirr, Glasmanufakturen für feine Trinkgefäße.

Ohne Kanäle wären diese gewaltigen Herausforderungen in jener vorindustriellen Zeit nicht zu bewältigen gewesen. Kanalprojekte, die zuvor als Hirngespinste abgetan wurden, da technisch nicht zu realisieren und nie zu finanzieren, wurden nun geprüft und deren Bau zugestimmt. Pierre-Paul Riquet, Baron de Bonrepos, der Vater des Canal du Midi, präsentierte Colbert 1662 in einem Brief seinen Plan, das Mittelmeer mit dem Atlantik zu verbinden. 1663 konnte er seine Pläne am Hof vorstellen und 1666 gab der König seine Zustimmung zum Kanalbau vom Mittelmeer bis nach Toulouse, zur schiffbaren Garonne. Ironie des Schicksals war, dass Riquet, der das zum Teil selbst finanzierte Projekt in dem damals hohen Alter von knapp sechzig Jahren anging, das Ende der Bauarbeiten nicht mehr erleben durfte. Sechs Monate vor Vollendung des Kanals, der 1681 schiffbar wurde, starb Riquet im Alter von 76 Jahren.

Mit einem Hub von vier Metern überwindet die 2005 wieder in Betrieb genommene vollautomatisierte Schleuse von Templin die Höhe zum Templiner Stadtsee. Von der Havel-Oder-Wasserstraße gelangt man über die Templiner Wasser in den Großen Kuhwallsee, im Bild rechts die Einfahrt in die Schleuse von Templin.

Kuss des Prinzen Tourismus

Die beginnende Industrialisierung erschloss Kohlenreviere und brachte Fabriken an die Produktionsstandorte – die Schiffe vergrößerten sich zusehends, ihre Maße wurden genormt und auch die der zu passierenden Schleusen. Die

auf den Minister Charles Louis de Saulces de Freycinet zurückgehende Reform sah 1879 mit einem Budget von 150 Millionen Francs die Modernisierung der Kanäle vor, was zuerst eine Verbreiterung und Verlängerung der Schleusen auf das Freycinet-Maß bedeutete. Innerhalb von 20 Jahren entsprachen bereits 4739 Kanalkilometer dieser Norm. In der Blütezeit wurden 12 000 Kilometer schiffbare Wasserwege unterhalten. Sehr viele Kanäle, die nicht ausgebaut wurden, da sich die Warenströme verlagert hatten, bilden heute das Rückgrat der französischen Hausbootreviere. Verschiedene Kanäle sind aber heute noch in eine Art Dornröschenschlaf gesunken und erwarten einen erweckenden Kuss des Prinzen Tourismus. Insgesamt rechnet man 2000 Kilometer aufgelassene Kanalstrecken in Frankreich. Dazu gehört der einst wichtige Canal de Berry im Zentrum Frankreichs. Doch noch immer sind es insgesamt 8000 Kilometer schiffbare Kanäle und Flussstrecken, die zu gemütlichen Hausboottouren einladen.

Irgendwann ist immer das erste Mal – doch wo in Frankreich könnte man am besten einmal seine Fahrkünste testen? Im Allgemeinen gehen alle Ratschläge dahin, sich zuerst einmal ein relativ schleusenfreies Gebiet auszusuchen. Was es natürlich nicht gibt, denn ein französischer Kanal ohne Schleuse ist keiner – zudem hat man spätestens nach der dritten Schleuse alle Unsicherheiten abgelegt und schleust wie ein erfahrener Kapitän mit einer abgestimmten Mannschaft sein Boot. Von Deutschland aus mit einer unterschiedlich langen Anfahrt verbunden, sind die Strecken an der Charente, der Saône und der Canal du Nivernais sehr geeignet, um die ersten Erfahrungen zu sammeln – der Rhein-Marne-Kanal ist, wie auch der Canal de Bourgogne recht schleusenreich – am Canal du Midi wechseln lange schleusenfreie Abschnitte mit Schleusentreppen ab. An der Charente wählt man sich das Ziel Cognac und kann von dort in einer Woche leicht 115 Kilometer nach Saint Savinien und wieder zurück fahren und trifft auf nur sechs Schleusen! Auf 260 Kilometer und in zehn Tagen auf der Saône von Scey-sur-Saône nach Dôle und zurück begegnet man nur 46 Schleusen. Am Canal de Bourgogne sind es auf 220 Kilometer von Joigny nach Montbard und zurück schon 98 Schleusen und am Canal du Nivernais von Corbigny bis Châtel-Censoir auf 108 Kilometer 62 Schleusen. Doch entscheidend ist, nicht auf die Anzahl der Schleusen zu blicken, sondern sich ganz der Landschaft und den Sehenswürdigkeiten zu öffnen.

Mit dem Bau der Havel-Oder-Wasserstraße versuchte man die 80 Kilometer lange fehlende Verbindung zwischen Berlin und der Ostsee zu schließen, was 1914 auch gelang. Für eine Schleusung durch die Lehnitzer Schleuse soll man gut zwei Stunden einplanen, denn die Binnenschiffe haben absoluten Vorrang.

Wasserstrassen der Niederlande

Das niederländische Kanalsystem ruht auf einem ebenso breiten historischen Fundament, wie dasjenige Frankreichs. Auch hier war es die reiche Handelstätigkeit mit Spanien, Portugal, Italien und Frankreich, die seit dem 14. und 15. Jahrhundert die Gründung von Kaufmannsgilden, den Hansen, beförderte und damit die Benutzung und den Ausbau der Wasserwege in das Innere des Landes begründete. Aufgrund der Entwicklung des Überseehandels verband man in den Niederlanden die bestehenden Flüsse und Seen und baute sie mit Verbindungskanälen zu Wasserwegen aus. Die Hafenstädte am IJsselmeer legen mit ihren prachtvollen Bauten ein Zeugnis vom einstigen Reichtum ab.

Torf wurde als Brennstoff direkt in die aufstrebenden Städte transportiert – Waren, die dort umgeschlagen wurden, auf dem Rückweg wieder ins Land verbracht. Fahrten auf den Flüssen, kleineren und größeren Seen und den Kanalsystemen bieten hier die Chance, direkt über die Grachten in das Herz der niederländischen Städte zu gelangen. Dies lässt das Hausbootfahren zu einem wahren Luxus werden. Utrecht, Amsterdam und Alkmaar stehen mit ihren prächtigen Handelshäusern, neben zahlreichen kleineren Orten für das Vergnügen ohne Hindernisse direkt am gewünschten Ziel anzukommen.

Einkehrmöglichkeiten vom Gourmetrestaurant bis zum Café oder einem Biergarten, Museen (die Niederlande besitzen mit fast 1000 Museen die höchste Museumsdichte der Welt!) und

Nicht nur auf der Grecht bei Woerden in den Niederlanden wird man damit konfrontiert, dass die Wasseradern Verkehrswege sind, auf denen es auch heiter zugehen kann.

Kirchen, Marktplätze, Schlösser, Parks und Windmühlen locken zum Landgang. Im Land der Fahrräder kein solches dabei zu haben, wäre mehr als eine Unterlassungssünde. 15 000 Kilometer Fahrradwege bieten bei flachem Gelände abwechslungsreiche Landschaften. Den Wind hat man beim Fahren immer in den Haaren und das Rauschen des Meeres in den Ohren, Möwengekrächze lässt Fernweh aufkommen. Die Provinzen Noord- und Zuid-Holland sind die bevorzugten Hausbootreviere, in deren Fahrrinnen oder „dieps", wie die Niederländer sagen, man auf weiten Strecken sogar unter dem Meeresspiegel fährt. Rund 25 Prozent der niederländischen Landesfläche liegen unterhalb dieser Linie, die ein ausgeklügeltes und beeindruckendes System von Stauwehren und Deichen erforderlich macht, um die ständige Gefahr einer Überflutung zu verhindern. Die Trockenlegung von Seen und Meeresausläufern mündet in den berühmten Poldern. Süß- und Salzwasser bieten unterschiedlicher Fauna und Flora Heimat. Eine wahre Blumenexplosion gibt es von März bis Mai im Blumenpark Keukenhof in der Nähe von Haarlem zu bestaunen – denn dort gibt es nicht nur die aus dem Lied bekannten „Tulpen aus Amsterdam", sondern eine Vielzahl weiterer bunter

Das Boot dient in den Niederlanden der ganzen Familie als Gefährt – dabei kommen die Farben des Königshauses von Oranien zum Einsatz. Die Flagge wird sonst besonders bei Fußballspielen geschwenkt.

Fährt ein großer Lastkahn vorbei, wie hier auf der Gouwe bei Boskoop, ist das immer wieder ein beeindruckender Moment. Diese fahren aber nicht zum Vergnügen, sondern müssen zu immer günstigeren Preisen mit der Straße konkurrieren. Müßig zu erwähnen, dass sie beim Schleusen immer Vorfahrt haben.

Zwiebelblumen. Um die Vielzahl der Wasserrouten für Hausbootfahrer etwas überschaubarer zu machen, hat man bestimmte Strecken eingerichtet, wie die „Garten-der-Niederlande-Route“ oder die „Hanse-Route“, denen man im Wochenrhythmus nachfahren kann.

Die grüne Insel Irland

Das Hausbootrevier auf der grünen Insel Irland ist bestimmt durch den im westlichen Landesteil gelegenen Shannon-River, den längsten Fluss Irlands, der bei der Stadt Limerick in den Atlantik mündet. Eine raue Schönheit strahlt diese Region aus. Die endlosen Weiten der Midlands und die breiten Flussabschnitte im Lough Ree und Lough Derg lassen Zeit zur Meditation über die Vergänglichkeit alles Irdischen – keine Überraschung also, dass das mythische Erbe der Kelten hier ausgiebig gedeihen konnte und bis heute gepflegt wird. Die Römer hatten es schnell aufgegeben, die durch Sturm und Regen manchmal unwirtliche Insel in ihren Machtbereich einzugliedern. Die Macht der Druidenpriester konnte erst mit der Christianisierung gebrochen werden. Erstaunlich ist, dass der Shannon schon recht früh Teil eines alten Handelsweges war, der sich durch Gallien bis an den Rhein hinzog. Die irischen Mönche sind wohl ab dem 6. bis zum 9. Jahrhundert auf diesem Weg ins heutige Österreich gelangt und hinterließen mit ihren Klostergründungen auf ihrem Weg sichtbare Spuren. Hoch gehalten wird in Irland alles, was ein bisschen nach keltischem Erbe aussieht. Besonders stolz sind die Iren auf ihr

Irland ist ein Reiseland für Individualisten, wie jene drei Seebären bei Devenish am Südzipfel des Lower Lough Erne.

„brehonisches“ Recht, das für die damalige Zeit recht fortschrittlich war und den Freiheitswillen der Iren beweist.

Mit dem Erne-Fluss und der Seenplatte von Fermanagh ist der Shannon durch den Shannon-Erne Waterway verbunden. Hier beginnt das Paradies der Angler: Brasse, Schleie, Hecht, Barsch und Lachsforelle gibt es hier. Um das Angeln zu erleichtern, gibt es kostenlose Beiboote, die zum Teil sogar mit einem Außenbordmotor ausgestattet sind. Befindet man sich auf dem Erne ist man auch schon in Nordirland. Die blutigen Konflikte sind in dieser Region nicht spürbar, auf der Straße wird weiterhin links gefahren – nur die Kilometer- und Entfernungsangaben wechseln von Stundenkilometern zu Meilen und man braucht englische Pfund, um seine Einkäufe zu tätigen oder in einem Pub einkehren zu können. Die Stimmung ist dort bei traditioneller ‚Irish-Folk‘-Live-Musik garantiert und bietet einen willkommenen Kontrast zum Nieselwetter, das vielleicht draußen herrscht. Whiskey und Guinness, aber auch der „cider“ erfreuen die Kehle, während das Essen sicher nicht nur von verwöhnten Gourmetzungen als zumindest gewöhnungsbedürftig eingestuft wird. Auf alle Fälle sollte man sich die Zeit nehmen, die

Ein absolutes Muss ist eine Fahrt auf Irlands einzigem Fjord, dem 14 Kilometer langen Killary Harbour, der die beiden Counties Mayo und Galway trennt.

Der farbenprächtige Regenbogen über dem Upper Lough Erne bei Crom Castle in Irland zeigt an, dass die Fahrt nach einem kurzen Schauer bei Sonnenschein weiter gehen kann.

Am Voss-Kanal, der 1882 fertig gestellt wurde, baute man im Stil der Zeit und der damaligen neuesten Technik entsprechend auch Zugbrücken, wie hier in Zehdenick.

Werke einiger Literaten zu lesen, die aus Irland stammen oder hier ihr Domizil aufgeschlagen hatten und haben, um in Ruhe schreiben zu können. Die Auswahl ist groß und reicht von Heinrich Bölls „Irischem Tagebuch“, zu Oscar Wild, von George Bernard Shaw zu den epochalen Werken von James Joyce, von Joseph O‘Connor zu Edna O’Brien. Doch finden sich entlang der Wasserwege auch Möglichkeiten zur sportlichen Betätigung, denn zahlreiche Golfplätze haben ihre Greens für Besucher geöffnet.

Blaues Paradies im Nordosten Deutschlands

Auch 20 Jahre nach dem Mauerfall ist es eine Reise in eine andere Welt, die sich mit der Mecklenburgischen Seenplatte und den Hausbootstrecken in Brandenburg im Nordosten

Rechts oben:
In Zehdenick öffnet sich die Hastbrücke zusammen mit der Schleuse automatisch als Zugbrücke. Beim Schleusen strömt das Wasser an gelb markierten Stellen von der Seite in die Schleuse ein, diese Stellen sollte man meiden!

Rechts unten:
Im Luftkurort Plau gibt es an der Müritz-Elde-Wasserstraße die blaue Seilhubbrücke, die mit der davorliegenden Schleuse gekoppelt ist und freie Fahrt in den Hafen oder direkt in den Plauer See ermöglicht. Normalerweise steht die Brücke ungehoben bei einer Höhe von 2,20 Metern – gehoben werden kann sie dann bis zu einer Durchfahrtshöhe von 4,30 Metern. Die aktuelle Höhe wird auf einem Zifferblatt angezeigt!

Deutschlands eröffnet. Führerscheinfrei können alle Gebiete befahren werden, außer der Havel um Ketzin und der Spree in Berlin. Das blaue Paradies umfasst 5000 Seen, die durch Kanäle und Wasserstraßen miteinander verbunden sind. Mit dem Finow-Kanal entdeckt man den ersten in Deutschland gebauten Kanal, dessen erster Abschnitt schon ab 1605 in Angriff genommen wurde, und mit dem Schiffshebewerk in Niederfinow ein überaus imposantes Schiffshebewerk. Der größte See ist der Müritz-See mit circa 110 Quadratkilometer Fläche, der längste Fluss ist die Spree mit 380 Kilometern Länge und die ausgedehnteste Wasserstraße ist die Müritz-Elde mit 180 Kilometern Länge und nur 17 Schleusen. Bedingt durch die Tieflage der Flüsse und Wasserstraßen mäandern diese, meist in ihrem natürlichen Bett mit sehr geringem Gefälle ihrer Mündung zu. Die Schleusendichte ist sehr gering und das Revier genauso beliebt bei Seglern, wie bei wasserwandernden Kanufahrern. Ihren Ursprung verdankt diese Landschaft den eiszeitlichen Gletschern, die mit ihren Endmoränen einen natürlichen Wall aufbauten, über den das Schmelzwasser sich keinen Weg bahnen konnte und aufgestaut wurde. Städte und kleine Ortschaften haben meist einen herausgeputzten und sanierten Ortskern sowie neu angelegte Jachthäfen mit allem Komfort. Treue Gäste sind

Auf der Havel gelangt man zwischen Stolpsee und Burgwall in den ursprünglichen Verlauf der Havel, deren Ufer von Bibern und Fischottern, sowie zahlreichen Vögeln bewohnt wird. Bei Bredereiche genießt die Besatzung dieses Seglers die Natur.

Auf den Templiner Gewässern gibt es zahlreiche Schleusen, hier die Schleuse Hammelspring. Etwas Besonderes ist die Schrägwandschleuse Kannenburg, denn sie wird noch komplett von Hand bedient. Festmachen kann man nur an einem Halteseil, das in der Schleusenkammer angebracht ist.

Oben:
Die vier NV-Sportschifffahrtskarten ‚Binnen' geben im Maßstab 1:35000 praktische Hinweise zur Gestaltung eines Hausbooturlaubs in Brandenburg, Berlin und Mecklenburg-Vorpommern.

Ganz rechts:
Nicht nur bei Nebel, wie hier auf der Vecht bei Loenen, sollte man ein Fernglas zur Hand haben. Man kann damit zum Beispiel auch seltene Tiere aus der Nähe betrachten.

Rechts:
Gerade auf den polnischen Seen kann man noch die Sumpfschildkröte oder den Seeadler entdecken – Wisente und Tarpane wurden ausgesetzt. Bei solch seltenen Tieren schauen auch die Kleinen gerne durchs Fernglas.

die Kraniche: Jährlich zweimal kommen sie auf ihrem Flug zur Zwischenlandung in die Gegend; auch Biber, Adler, Fischotter und Wisente fühlen sich hier, neben Tausenden von Wasservögeln, sehr wohl. Es ist deshalb kein Wunder, dass in Mecklenburg-Vorpommern ein Fünftel der Landesfläche Schutzgebiet ist, in Brandenburg ist es sogar ein Drittel. Vier Nationalparks, fünf Biosphärenreservate und 19 Naturparks lassen den Hausbootfahrer eine ungewöhnliche Naturnähe erleben, die aber auch eine besondere Rücksicht erfordert.

Wer das Hausbootfahren hingegen mit einem Großstadterlebnis verbinden möchte, der findet in Venedig, in Amsterdam, in Paris und in Berlin (s)ein bevorzugtes Ziel. In Venedig gelangt man von dem als Klein-Venedig bezeichneten Chioggia durch die Lagune direkt zum Hafen von San Giorgio Maggiore, der gegenüber dem Markusplatz liegt! Zwischen den malerischen Inseln Murano, Burano und Torcello hindurch kann man aber auch auf dem Fluss Sile den Ort Treviso entdecken. Der Brenta-Kanal führt ganz Mutige bis nach Padua und auf der 215 Kilometer langen Idrovia litoranea Venise gelangt man bis nach Grado.

Als das Venedig des Nordens wird Amsterdam bezeichnet – unüberschaubar ist das System der Grachten und man hat es aufgegeben, deren Länge genau zu ermitteln. Das Wohnen auf dem

Wasser ist so attraktiv geworden, dass die engen Grachten mit ihren typischen Giebelhäusern oft durch Boote zugeparkt sind und man sich zudem unter 250 innerstädtischen Brücken hindurchschlängeln muss, wenn diese nicht als Hebebrücken den Weg freigeben. Im Kontrast zur Stadterkundung per Schiff, bietet sich das niederländische Fortbewegungsmittel Nr. 1, das „fiets“ an, denn circa 400 Kilometer Radwege gibt es in Amsterdam, um all die Museen, die stilvollen Plätze und die Angebote der Multikulti-Küche zu entdecken.

Was dem Amsterdamer sein Pfannenkuchen, ist dem Berliner die Weiße in mehreren Geschmacksrichtungen. Seit Berlin Regierungssitz und Hauptstadt des geeinten Deutschlands ist, hat sich das architektonische Bild der Stadt gewaltig verändert. Das Kanal- und Flusssystem erfuhr ebenfalls eine Erneuerung, denn jetzt ist ein ungehindertes Fahren wieder möglich. Mit dem Boot kommt man direkt am, von der Berliner Schnauze als „Elefantenklo“ bezeichneten, Kanzleramt vorbei und schippert durch den Wannsee auf der Havel hinaus nach Potsdam zum märkischen Versailles des Alten Fritz!

In Paris ist man dem königlichen Schloss sehr nahe und hat mit dem Hafen Arsenal, der direkt an der Place de la Bastille liegt, einen zentralen Liegehafen mit Métroanschluss und Fahrradverleih zur Verfügung. Die Seine, besonders um Notre Dame, ist ein von den lokalen Ausflugsbooten, den „bateaux-mouches“, heftig befahrenes Gewässer, durch das sich auch riesige Lastkähne ihren Weg bahnen. Idyllisch und typisch pariserisch wird es auf den beiden Stadtkanälen, dem 4,5 Kilometer langen und zum Teil unter-

Die Masurische Seenplatte zieht sich in einem Seitenarm bis nach Ryn/Rhein. Segler fühlen sich in diesem Paradies genauso wohl, wie die noch wenigen Motorboote.

irdisch verlaufenden Canal Saint-Martin, auf dem man über mehrere Schleusen bis zum futuristisch angelegten La Villette hochfahren kann und auf dem 6,6 Kilometer langen Canal Saint-Denis dann wieder hinunter bis zur Seine.

Ungewöhnliche Hausbootreviere

Weitere ungewöhnliche Hausbootreviere, die sich außerhalb der ausführlich beschriebenen Destinationen befinden, liegen in Schweden, Rumänien und Schottland. In Schweden wurde der Göta-Kanal von Mem bis Sjötorp 1832 fertig gestellt. 60 000 Arbeiter haben daran über 20 Jahre gebaut, um die Ostsee mit dem Roxen- und Vätter-See sowie dem Väner-See auf 190 Kilometer zu verbinden. Alleine 87 Kilometer mussten von Hand gegraben werden, der Rest der Strecke verläuft durch bestehende Seen. Auf der Strecke müssen 91,8 Höhenmeter überwunden werden und insgesamt 58 Schleusen. Die imposanteste Schleuse ist die Schleusentreppe bei Berg, die aus sieben Schleusenkammern besteht – 18,8 Meter werden dabei erklommen. Bei Forsvik liegt der Scheitelpunkt des Kanals – das Wasser fließt Richtung Ostsee und Richtung Väner-See talabwärts. Seit den 1970er-Jahren werden keine Waren mehr transportiert und der Kanal steht den Freizeitkapitänen zur Verfügung.

Das Donaudelta, Europas zweitgrößtes Flussdelta, nahe der rumänischen Stadt Tulcea war lange Jahre bis zum Ende der kommunistischen Diktatur unter Nicolae Ceauşescu ein nur schwer zu erreichendes Reiseziel. Zudem versuchte man für gigantische landwirtschaftliche Projekte, große Teile des Deltas trocken zu legen, um dort Reis- und Baumwollfelder entstehen zu

Waren an der Müritz ist der größte Ort der Mecklenburgischen Seenplatte und lädt mit seinem Hafen zu einem Rundgang ein. Der Luftkurort hat sich herausgeputzt, zahlreiche Geschäfte und Lokale finden sich in den Gassen. Im Müritzeum wartet das größte Süßwasseraquarium Deutschlands.

lassen. Tüchtige Rumänen, meist Fischer oder deren Familienangehörige, bieten heute Hausboote an, die mit einem Schlepper verbunden, in das 80 Kilometer lange Delta gezogen werden. Eine atemberaubende Natur empfängt die Besucher bei einer Tour, die idealerweise drei Tage dauern sollte. 320 Vogelarten, wie den Pelikan und den Eisvogel, sowie seltene Reiherarten gibt es hier – nicht umsonst ist das Delta seit 1991 UNESCO-Weltkulturerbe.

In Schottland verbindet der rund 100 Kilometer lange Caledonian Canal vier Seen – besonders Angler kommen hier beim Lachsfang auf ihre Kosten. Abends kommt der Lachs dann in die Pfanne und man lässt den Tag gemütlich ausklingen bei einem guten Single-Malt-Whisky!

Das Fahren mit Hausbooten ist in ganz Europa, von wenigen Strecken abgesehen, auf den zugelassenen Wasserwegen führerscheinfrei und nach den nötigen Einweisungen leicht möglich. Immer häufiger wird auf touristische Belange eingegangen, sodass die Kanäle dem Abenteuer ‚Hausboot' offen stehen und man sogar berechtigt hoffen kann, dass bisher noch nicht zugängliche Strecken wieder instand gesetzt und geöffnet werden. Die Einladung gilt: Europas Hausbootreviere stehen einer grenzenlosen „Er-fahrung" offen!

Unten:
Nicht nur in Irlands Gewässern kann man auch an einfachen Anlegestellen zauberhafte Abende erleben, wie hier auf dem Lower Lough Erne.

Links:
Blick auf die Hansestadt Stralsund. Im Hafen liegt seit 2003 das berühmte Segelschulschiff Gorch Fock I, das wie die Stadt der Backsteingotik, eine bewegte Geschichte hinter sich hat. Die Silhouette von Stralsund gilt mit Rathaus, Nikolaikirche und den Häusern des Alten Marktes als eine der schönsten an der Ostsee.

Seite 24/25:
Der Hafen des ehemaligen Fischerstädtchens Ketzin an der Unteren Havel liegt kurz hinter dem Abzweig des Havel-Kanals und weitet sich langsam auf verschiedenen Flussarmen zum Trebel-See. Von der Hafenpromenade kann man zur Kirche mit ihrem mittelalterlichen Wehrturm spazieren.

Deutschlands Wassersportreviere im Nordosten

Es ist nicht gerade üblich, dass sich Städte, Regionen, ja gar unterschiedliche Bundesländer mit der gemeinsamen Vermarktung eines Produktes hervor tun. Unter dem Titel „Das Blaue Wunder" erheben Brandenburg, Berlin und Mecklenburg-Vorpommern nicht zu Unrecht den Anspruch, mit 5000 Seen und deren Wasserverbindungen das größte Wassersportrevier Europas zu besitzen und bewerben in gemeinsamen Broschüren und Kartenmaterial diese einzigartige Region in Deutschland.

Zwischen den Flüssen der Oder und Neiße im Osten und der Elbe im Westen erstrecken sich vom Lausitzer Seenland im Süden bis zum Schweriner See und den beiden Flüssen Recknitz und Trebel im Norden 17 unterteilte Wassersportregionen. Nicht nur der Wende und der Wiedervereinigung ist es geschuldet, dass diese Landstriche zu den am dünnsten besiedelten in Deutschland gehören – die Natur war sich, von Industrieansiedlungen abgesehen, weitgehend selbst überlassen und gehört auch dank umfangreicher Renaturierungsmaßnahmen im Flussbereich zu den interessantesten in Deutschland.

Aus verständlichen Naturschutzgründen sind nicht alle Wasserwege für Hausbootfahrer ausgelegt. Wasserwanderer finden hier Reviere, in denen sie ungestört ihr Kanu zu Wasser lassen können. Im Übrigen kann man seine Hausboottour ohne Weiteres durch die Mitnahme eines Kanus oder aufblasbaren Gummibootes ergänzen – allerdings taugen letztere auf offenen Seen und bei Wind nicht sehr viel. Mit ihnen lassen sich aber Uferregionen und kleine Seitenarme erforschen.

Kraniche und Karpfen

Damit dies in Zukunft so bleibt, gilt rücksichtsvolles Verhalten auch in Bereichen, in denen (noch) keine Verbote ausgesprochen wurden oder werden mussten. So fährt man auf der Müritz-Elde-Wasserstraße bei Neustadt-Glewe und gleich danach am Stör-Kanal an den groß-

flächigen Karpfenteichen vorbei, die im Frühjahr und im Herbst den Kranichen auf ihrem Durchflug wichtige Rastplätze bieten. Es dürfte selbstverständlich sein, dass man die Vögel durch sein Verhalten nicht stört oder gar aufscheucht.

Ein kleines Hindernis steht dem uneingeschränkten Hausbootfahren entgegen: Manche Reviere, so um und in Berlin, sind führerscheinpflichtig. Je größer der See und je breiter das Gewässer, umso besser ist es für größere Jachten geeignet – ideal bietet sich hier die Obere Havel ab Berlin mit ihren Verbindungen zu den Rheinsberger Gewässern und der Mecklenburgischen Seenplatte an.

Das Hausbootrevier ist geprägt von den West-Ost-Wasserwegen, die, neben den bestehenden Flüssen, die Verbindung zwischen Oder-Neiße und Elbe herstellen und auch die Großstadt Berlin anbinden. Von der Elbe zur Oder läuft der Elbe-Havel-Kanal und danach der Oder-Havel-Kanal und etwas weiter südlich der Oder-Spree-Kanal. Weiter nördlich verbindet die Müritz-Elde-Wasserstraße einmal die Elbe mit der Elde, ist über den Stör-Kanal mit dem Schweriner See verbunden, fließt dann in die Mecklenburgische Seenplatte und verbindet weiter die Müritz-Havel-Wasserstraße mit der Havel und diese wieder mit dem Oder-Havel-Kanal.

Schwerin hatte bei der Wahl zur Landeshauptstadt von Mecklenburg-Vorpommern die Nase vorne und konnte größere Städte, wie Rostock hinter sich lassen. Das Schweriner Schloss wurde vielfach umgestaltet und gilt als Schlüsselwerk des romanischen Historismus. Zu Füßen des Schlosses, das heute Sitz des Landtags ist, gibt es zahlreiche Anlegemöglichkeiten.

Zehdenick war im 18. Jahrhundert ein bedeutendes Zentrum der Ziegelproduktion, die Erzeugnisse wurden auf der Havel zu ihrem Bestimmungsort gebracht, wie man im Museumsschiff direkt an der Schleuse erfahren kann. Spuren der Tongruben, in Form kleiner Tümpel, sind heute noch überall sichtbar. Den Voss-Kanal erbaute man, um eine bessere Verbindung zum Oder-Havel-Kanal zu schaffen. Die ursprüngliche Havel verläuft als „Schnelle Havel“ neben dem Kanal.

Ein bevorzugtes Ausflugsziel der Berliner ist sicherlich der Wannsee. Bei der Pfaueninsel mit dem Lustschloss Friedrich-Wilhelms II., das heute ein Museum der regionalen Handwerkskunst ist, liegt der Kladower See, in dem die Landesgrenze zwischen Berlin und Brandenburg verläuft.

Die Glienicker Brücke gilt als ein Wahrzeichen des Kalten Kriegs und gleichzeitig der Maueröffnung am 9. November 1989. Sie wurde 1907 erbaut und diente ab dem Mauerbau 1961 unter anderem zum Agentenaustausch.

Von Ketzin aus kann man auf der Havel Richtung Brandenburg fahren oder über den Sacrow-Paretzer-Kanal direkt in den Wannsee und damit nach Berlin. Ein mehr als lohnenswerter Umweg ist es, über die Potsdamer Havel und den Großen Zernsee, den Schwielowsee und den Templiner See zu fahren, um ebenfalls im Wannsee anzukommen.

Auf dem Schwielowsee kann man bis nach Ferch fahren, in dem eine Fachwerkkapelle aus dem Jahre 1630 zu besichtigen ist. Da sich der gesamte Verkehr auf dem Sacrow-Paretzer-Kanal abspielt, sind die Gewässer hier ziemlich ruhig und bieten umfassende Entspannung.

„Herzlich willkommen in der Hafenstadt Zehdenick“ heißt es an der Hastbrücke, die als Zugbrücke zusammen mit der Schleuse automatisch geöffnet wird.

Werder zwischen dem Großen Zernsee und dem Schwielowsee ist bekannt für seinen Obstanbau und seine vorgelagerte Inselstadt. Die spätromanische Heilig-Geist-Kirche überragt den Ort.

Das kleine Örtchen Geltow liegt am Schwielowsee und hat sich 2002 mit Ferch und Caputh zur Gemeinde Schwielowsee zusammengeschlossen. In Caputh hatte einst Albert Einstein ein Sommerhaus, das man heute besichtigen kann.

BERLIN – TROTZ ALLEM, ICK LIEBE DIR!

Rechts:
Der Reichstag spiegelt einzelne Epochen deutscher Geschichte. Erbaut im Gefolge der kaiserlichen Reichsgründung 1871, bot er den Abgeordneten der Weimarer Republik ein Forum, das mit dem Reichstagsbrand 1933 unterging. Seit 1999 tagt der Bundestag unter Sir Norman Fosters begehbarer Kuppel in seinen renovierten Mauern.

Nähert man sich Berlin über die Untere Havel fährt man zwischen der brandenburgischen Landeshauptstadt Potsdam und der Filmstadt Babelsberg hindurch. 1660 erkor Kurfürst Friedrich Wilhelm Potsdam als Nebenresidenz. Unter Friedrich Wilhelm I. wurde Potsdam dann zu einer Garnison. Erst unter Friedrich dem Großen kam dann ab 1745 höfischer Glanz in das Schloss Sanssouci und die Gedanken des aufgeklärten Absolutismus in das märkische Versailles. Theodor Fontane hat der Region mit seinen „Wanderungen durch die Mark Brandenburg" ein literarisches Denkmal gesetzt. Ein Spaziergang durch Potsdam zeigt aber nicht nur die Sonnenseiten von Preußens Glanz und Gloria, sondern auch die mit dem antidemokratischen System von Befehl und Gehorsam eng verbundenen Schattenseiten. Wer vor der schnöden und harten Realität die Augen verschließen möchte, kann sie im Filmpark Babelsberg wieder öffnen. Hier drehten die UFA-Stars, und ab 1945 diejenigen der DEFA – am Potsdamer Platz befindet sich das Berliner Filmmuseum.

Jetzt steht dem Hausboot das große Abenteuer bevor, denn man kommt in den Großen Wannsee und damit in das Innere der Stadt. Oder man umfährt die Innenstadt in östlicher Richtung auf dem Teltow-Kanal. Er wurde 1900 gebaut, um die Spree als schnellste Ost-West-Verbindung zu entlasten, in die man aber bei Köpenick wieder einfahren kann. Dabei denkt man unweigerlich an den Coup des „Hauptmann von Köpenick"!

Die Vororte Berlins am Wannsee wurden während der boomenden Gründerzeit zu vornehmen Villenstandorten. Doch auch die Ausflügler aus Berlin wollten an diesem Flecken Erde teilhaben, packten ihre Badehose ein, schwammen einige Runden im Strandbad Wannsee und kehrten in den schmucken Ausflugslokalen ein.

Oben:
Gäste der Strandbar im Monbijoupark erholen sich unter Palmen und in Liegestühlen von der turbulenten Hauptstadt.

Rechts:
Das Regierungsviertel im Spreebogen mit dem Paul-Löbe-Haus, dem Marie-Elisabeth-Lüders-Haus und dem Jakob-Kaiser-Haus zeichnet sich durch nüchterne Zweckbauten aus.

Dort, wo die Spree in die Havel mündet und die Spandauer Zitadelle sich erhebt, beginnt die Havel-Oder-Wasserstraße. Für die Berliner Handelsherren wäre schon im 16. Jahrhundert eine Verbindung zur Ostsee ein wahrer Gewinn gewesen, die sich aber wegen den Eberswalder Erhebungen technisch (noch) nicht realisieren ließ.

Kein Zurück

Biegt man jedoch aus der Havel kommend rechts in die Spree ein, gibt es kein Zurück mehr – mehr Mitte geht nicht und diese Mitte ist für Hausbootfahrer oft etwas verwirrend. Der Baumeister Peter Joseph Lenné hat von 1845 bis 1850 den Landwehr-Kanal anlegen lassen, um Baumaterial direkt zu den aufstrebenden Berliner Stadtteilen zu transportieren. Setzt man seine Fahrt ein kurzes Stück im Landwehr-Kanal fort, gelangt man unweigerlich auf die Spree. Und hier durchfährt man auf einer Strecke von 20 Kilometer bis Treptow sage und schreibe 36 Brücken! Eine Sehenswürdigkeit reiht sich an die andere, so dass es mit einer Einwegefahrt sicherlich nicht getan ist. Schloss Bellevue, das Regierungsviertel, der Reichstag, Bahnhof Friedrichstraße, die Museumsinsel, der Alexanderplatz … alle liegen in Sicht- und Reichweite.

Das Bode-Museum auf der Museumsinsel, die zwischen Spree und Spree-Kanal liegt. Der Name stammt von Wilhelm von Bode, der ab 1906 Leiter der königlich-preußischen Museen war.

„Elefantenklo“ oder „Waschmaschine“ nennen die Berliner das 2001 bezogene Kanzleramt, gestaltet von den Architekten Charlotte Frank und Axel Schultes.

Der Berliner Hauptbahnhof verbindet auf unterschiedlichen Ebenen Regional- und Fernzüge sowie die S- und U-Bahn-Linien der Stadt. Für seinen Bau musste die Spree umgeleitet werden.

Begegnung auf der Spree, die das Herz der Wasserstraßen Berlins bildet – von ihr aus führen dann die einzelnen Kanäle durch die Stadt.

Rechts:
Die Wasserskulptur „Molecule Man“ von Jonathan Borofsky steht als künstlerische Großinstallation mitten in der Spree zwischen Treptow und Friedrichshain.

Ganz rechts:
368 Meter hoch ragt seit 1969 der Fernsehturm mit seinem drehbaren Café in den Berliner Himmel.

Rechts:
Zahlreiche Regierungsämter sind in historischen Gebäuden untergebracht, für manche, wie das Innenministerium, wurde im Moabiter Spreebogen in Glas und rosa Granit neu gebaut.

Rechts:
Abendessen mitten in Berlin: Am Schiffbauerdamm gibt es einen der „Anleger für Sportboote“, die für 24 Stunden genutzt werden können.

Ganz links:
Der Tiergarten wird von der vergoldeten Siegessäule überragt, die an die militärischen Siege erinnert, die zur deutschen Reichsgründung 1871 führten.

Links:
Die Oberbaumbrücke wurde 1894 bis 1896 erbaut. Ihr Name geht noch auf die Zeiten zurück, als nachts ein Baum mitten in die Fahrrinne der Spree gelegt wurde, um unliebsame Eindringlinge abzuhalten.

Links:
Der Tiergarten ist ein grüner Innenstadtpark, der auf 220 Hektar alle Freizeitbedürfnisse befriedigen kann.

Ganz links:
Bei Berlins Osthafen mündet der Landwehr-Kanal wieder in die Spree ein. Der Osthafen war in der Nähe eines der größten Industriereviere der Stadt angelegt worden.

Links:
An der 136 Meter langen Mühlendamm-Schleuse liegt die Münze und mündet der Spree-Kanal, der die Insel umrundet, die auf der einen Seite Museumsinsel und auf der anderen Seite Fischerinsel heißt.

Ganz links:
Im historischen Hafen der Stadt Berlin liegen Boote aller Art, darunter auch Hausboote, die hier ständig festgemacht haben.

Links:
Am bekanntesten war die Produktion von Glühbirnen im Osthafen, die auch zu DDR-Zeiten weiter geführt wurde. Heute ist das Gebiet und das Stralauer Viertel bis zum Rummelsburger See durchsaniert.

Rechts und rechte Seite oben:
Das nahe Gewässer um die Pfaueninsel ist gesperrt – aber die Schreie ihrer namensgebenden Bewohner hört man schon von weitem. Sie machen damit lautstark auf die Ideen des Landschaftsarchitekten Peter Joseph Lenné aufmerksam, der die Landschaft nach einem romantisierenden Ideal gestalten wollte, um damit den Gegensatz von Kunst und Natur aufzuheben. Er war auch für die Gestaltung des Tiergartens in Berlin zuständig.

Rechts:
Die Untere Havel-Straße führt zuerst in den Jungfernsee und dann in den Wannsee. Zehlendorf, Wannsee, Nikolassee, Dahlem und Grunewald wurden während der Gründerzeit zu Vororten mit prächtigen Villen.

Rechts:
In der Scharfen Lanke, dem Stößensee und dem Pichelsee gibt es zwischen Wilmersdorf und Spandau zahlreiche Liegeplätze, allerdings sind diese während der Saison an der Unteren Havel-Wasserstraße immer gut belegt.

Links:
Die Havel fließt als breiter Strom durch die Sacrower Lanke im Kladower See – einem beliebten Segelrevier zwischen Pfaueninsel und Jungfernsee.

Fürstenberg gilt als das Tor Brandenburgs zur Mecklenburgischen Seenplatte. 1287 als Vorstenberghe zum ersten Mal erwähnt, liegt die Stadt zwischen Röblin-, Baalen- und Schwedt-See. Das Mahnmal am Standort des Frauen-KZ Ravensbrück erinnert an einen dunklen Zeitabschnitt.

Am Kleinen Wannsee erschoss der Dichter Heinrich von Kleist 1811 erst seine Freundin Henriette Vogel und dann sich selbst. Nicht vergleichbar mit diesem privaten Drama sind die Entscheidungen, die 1942 bei der Wannsee-Konferenz beschlossen wurden – das Haus ist heute eine eindrückliche Gedenkstätte.

Die Müritz-Havel-Wasserstraße durchquert 300 Seen, die durch 100 kanalisierte oder natürliche Flussläufe miteinander verbunden sind. Erstaunlich, dass ihre Länge dabei nur knappe 32 Kilometer beträgt. Die Stadt Mirow liegt am Mirower See, dessen Ufer sich mit den bunten Pfahlbauten hier von seiner besten Seite zeigt.

Um auf den Schwedt-See und nach Fürstenberg zu kommen, passiert man die Schleuse Fürstenberg mit einer Hubhöhe von fast zwei Metern und umfährt den historischen Stadtkern über den Baalen-See.

Die Müritz-Havel-Wasserstraße eröffnet das sagenhafte Revier der mecklenburgischen Kleinseen, die mit vier Schleusen seit 1870 erschlossen wurden. Seitdem sind die Großstädte Hamburg und Berlin auf dem Wasserwege miteinander verbunden.

An den wenigen Schleusen tummeln sich Wassersportler aller Art – im Jahr 40 000 Boote zählt der Schleusenwärter alleine an der Diemitzer Schleuse, die den Vilz- und den Labus-See verbindet.

An der Schleuse in Strasen, die nur etwas mehr als fünf Meter breit ist, kommt man zuerst in den Ellbogen-See und dann wieder auf die Obere Havel-Wasserstraße. Über den Kammer-Kanal erreicht man Neustrelitz, das 1712, nach dem Brand des Schlosses von Alt-Strelitz, angelegt wurde.

Mirow hat direkt an der romantischen Schlossinsel mehrere Anlegeplätze. Das Torhaus von 1588 und das barocke Residenzschloss von 1750 empfangen den Gast.

Waren ist ein besonders schmuckes Hafenstädtchen am nördlichen Ufer der Müritz – mit 110 Quadratkilometern Fläche der größte Binnensee Deutschlands und Zentrum der Mecklenburgischen Seenplatte. Nicht umsonst bedeutet der Name „kleines Meer“.

Von der Oberen Havel-Straße aus betrachtet, würde man nicht vermuten, dass hier einst 40 Ziegeleien angesiedelt waren, deren Geschichte anschaulich im Ziegeleipark Mildenberg zu verfolgen ist. Mit Mildenberger Ziegeln wurden Steine hergestellt, die per Schiff bis nach Berlin und Hamburg transportiert wurden.

Vor der Überquerung der Müritz sollte man auf die Wettervorhersage achten, denn schnell können sich bei Sturm hohe Wellen bilden. Auch sollte man die Betonnung respektieren – aus Naturschutzgründen und, weil gefährlich flache Stellen drohen.

Nicht nur beim Überqueren des Plauer Sees zieht man am besten eine Schwimmweste über. Die Strömungsverhältnisse zwischen Plau und der Einfahrt bei Lenz wechseln auf diesem Rinnsee und der Wind tut sein Übriges, um schnell Hochseegefühle aufkommen zu lassen.

LEBEN AN BORD

Angenehmes Leben an Bord hängt immer mit einer guten Reisevorbereitung zusammen. Da stellt sich die Frage nach dem Reiseziel, nach der Reisezeit und – ganz wichtig – den Reisegefährten.

Rechts:
Liegt das Boot sicher vertäut für die Nacht, darf sich natürlich auch der Steuermann oder die Steuerfrau ein Gläschen gönnen.

REGEL NUMMER 1: ÜBERLEGE GUT, MIT WEM DU AN BORD GEHST UND DEINE KAJÜTE TEILST!

Der Raum auf dem Schiff ist bekanntermaßen begrenzt. Bei Sonnenschein mit einem Sonnenbad an Deck und einem kühnen Sprung ins kühle Nass, ist das kein Problem. Doch selbst wenn der Aufenthaltsraum geräumiger als die Schlafkabinen gestaltet ist, ein Tag mit Regen und damit mehr Aufenthalt unter als auf Deck, führt ganz einfach zu mehr Nähe und damit zu vermehrtem Diskussionsbedarf.

Die Kabinen bieten neben Schlafgelegenheiten viel Platz zum sicheren Verstauen von Reisegepäck. Ein vollständiger Satz an Bettwäsche wird zu Beginn der Fahrt an der Basisstation ausgehändigt. Alle Hausboote verfügen über sanitäre Einrichtungen, die praktischen Nasszellen sind mit Dusche, Waschbecken und einem WC ausgestattet. Zu beachten gilt hier, dass nicht zu lange beziehungsweise in Absprache mit der Mannschaft geduscht werden sollte, da es sonst leicht zu Engpässen mit dem Wasservorrat kommen kann. In jedem Hafen besteht die Möglichkeit den Frischwassertank zu befüllen. Teilweise ist das Betanken mit Frischwasser gebührenpflichtig, der Preis variiert je nach Region und Tankkapazität. Zudem besteht in den meisten Häfen die Möglichkeit, eine ausgiebige Dusche zu nehmen. Die Bord-Toiletten reagieren sensibel auf ein Zuviel an Toilettenpapier, was schon mal zu einer unangenehmen Panne führen kann. Alle Boote besitzen einen Abwassertank, der alle zwei bis drei Tage an extra eingerichteten Stellen im Hafen entleert werden sollte.

Kochen auf dem Hausboot ist eine Tätigkeit, die am besten mit täglich wechselnder Mannschaft bewältigt wird – auf diese Weise schmeckt es immer wieder ein wenig anders und das gemeinsame Essen dient dem Austausch der Erlebnisse des Tages.

REGEL NUMMER 2: BEVOR DU DIE LEINEN LÖST, SORGE FÜR ETWAS PROVIANT!

Ein genauer Einkaufsplan verhindert, dass man mit knurrendem Magen vor einem geschlossenen Bäckerladen steht! Eine Liste mit ein paar Standardgerichten sollte gleich zu Beginn erstellt und vor Reiseantritt eingekauft werden.

Meistens befinden sich gute Einkaufsmöglichkeiten direkt in der Nähe des Hafens. Ansonsten versorgt man sich mit den Tipps zu Markttagen und Bezugsquellen lokaler Produkte entlang der geplanten Route. Manche Verleihfirmen bieten eine Proviant-Vorbestellung an, die die Grundversorgung am Ankunftstag und darüber hinaus sicherstellt. Der Smutje findet in der Küche einen Herd mit zwei bis vier Gasflammen vor. Genügend Streichholzschachteln beziehungsweise Feuerzeuge sollten also mit eingeplant werden. Im großzügigen Kühlschrank lassen sich im Gefrierfach sogar Eiswürfel für einen kühlen Aperitif herstellen. Ein kompletter Satz an Töpfen und Pfannen stellt die Zubereitung köstlicher Gerichte aus der Bordküche sicher. Auch Geschirr für die Höchstzahl an Personen ist vorhanden. Was man auf keinen Fall vergessen sollte, sind Küchen- und Spültücher, sowie biologisch leicht abbaubare Spül- und Waschmittel.

Regel Nummer 3:
Achte auf die Sicherheit der Kinder!

Für Kinder (und deren Eltern) stellt das Fahren auf einem Hausboot ein großes Abenteuer dar. Kescher oder Angel raus und los geht es auf einen simulierten Fischfang. Kleinere Kinder sollten dabei einen festen Platz an Bord haben –

Ein Sprung ins kühle Nass bietet sich besonders in Hausbootrevieren an, die, wie die Mecklenburgische Seenplatte, von breiteren Gewässern durchzogen sind.

Ganz links:
Auf dem Hausboot ist der Wind der ideale Haartrockner.

Links:
In der ärgsten Hitze und Not hilft auch die Schlauchdusche – wie hier am Wannsee.

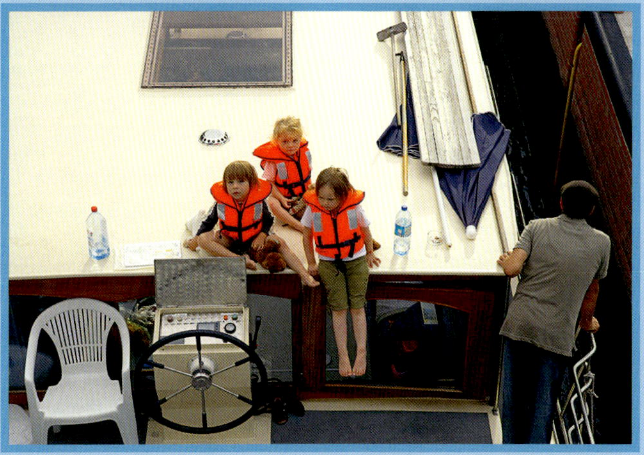

Schwimmwesten sind für Kinder an Bord immer Pflicht – auf offenen Gewässern auch für Erwachsene!

Das macht das Hausbootfahren aus: Mit einem schönen Gläschen einheimischen Wodkas den Sonnenuntergang an den masurischen Seen genießen.

wenn es um das Schleusen geht, am besten im Innern. Die größeren Kids dürfen derweil selbst Hand anlegen und beim Schleusen helfen. Aber „sicher ist sicher" und wer mit auf große Fahrt gehen will, der muss auch seine Schwimmweste tragen. Man erhält Kinderschwimmwesten in entsprechender Größe im Liegehafen und kann diese bereits bei der Buchung mitbestellen. Die Größe der Schwimmweste richtet sich dabei nach dem Körpergewicht des Kindes. In der Regel sind sie ab zehn Kilogramm Körpergewicht zu bekommen. Landgänge zum Austoben sind Pflicht! Ansonsten sollte man daran denken, Spiele für die Abendstunden mitzunehmen oder ein spannendes Piratenbuch! Dieses vorne im „Ausguck" zu lesen, macht doppelten Spaß.

Rechts:
Auch bei Wind auf dem Upper Lough Erne – auf der Flying Bridge steuert es sich am besten.

Regel Nummer 4: Pack die Badehose ein…!

Das Wichtigste zuerst: Hat man einen schönen Badeplatz gefunden, sollte immer eine Person an Bord bleiben, wenn die Mannschaft ins kühle Nass springt. Das Boot muss festliegen oder geankert und die Badeleiter ausgefahren sein, um den Wiedereinstieg zu ermöglichen. Bevor die Fahrt dann weitergeht, sollte nicht vergessen werden, die Leiter wieder ins Boot zu ziehen.

Regel Nummer 5: Denk auch an nützliche Dinge!

Zum Beispiel an Handschuhe: Arbeits- oder Gartenhandschuhe schützen die Hände beim Schleusen vor den manchmal nassen und rauen Tauen. Hat man sie vergessen, kann man sie auch in den Liegehäfen erwerben. Ein Sonnenhut ist unerlässlich und passt immer ins Gepäck, einen Sonnenschirm für das Boot sollte man im Liegehafen leihen. Gerade in der Mittagshitze erweist sich solch ein Schirm als wahre Gnade. Nimmt man wieder Fahrt auf, sollte man nicht vergessen, ihn wieder zusammenzuklappen, damit er nicht bei einer Brückendurchfahrt oder einer Windböe über Bord geht.

Bei der Auswahl der Kleidung kann man sich an der Ausrüstung für einen Camping- oder Wanderurlaub orientieren. An leichte Hosen, T-Shirts, eine Fleece-Jacke oder Weste, an warme Sachen für die manchmal kühlen Abendstunden und an Regensachen sollte gedacht werden. Die Mitnahme einer Wäscheleine und von ein paar Wäscheklammern hat sich immer als sehr nützlich erwiesen. Auch Schuhe mit Gummisohlen sind sehr zu empfehlen, die Rutschgefahr auf dem Boot wird damit reduziert.

Regel Nummer 6: Vierbeiner nicht in die Betten!

Ansonsten: Willkommen an Bord! Decke, Napf und weitere Utensilien bringt man am Besten von Zuhause mit. Im Liegehafen ist vor der Abfahrt eine Pauschale pro Tier, unabhängig wie lange die Fahrt andauert, zu entrichten.

Wasser- und Dieseltank sollte man nie verwechseln. Eine Tankkontrolle erübrigt sich in der Regel, vollgetankt werden muss am Ende der Fahrt. Wasser aber sollte man bei jeder sich bietenden Möglichkeit fassen.

Auch in Irland braucht man nicht mehr auf sein Haustier zu verzichten. Beim Schleusen und diversen Anlegemanövern sollte man mit einem Auge immer auf das Tier achten. Für Vierbeiner gibt es nämlich noch keine Schwimmwesten. Im Hafen nimmt man sein Tier an die Leine, auch wenn der Ausstieg aus dem Boot oft nicht sehr tierfreundlich gestaltet ist.

Regel Nummer 7: Entschleunigung!

Und nun steht dem Abenteuer Hausboot nichts mehr im Wege! Das Boot steuern, Schleusen durchfahren, einkaufen in bezaubernden Orten, das Auffinden und Anlegen an stimmungsvollen Plätzen, eine kleine Radtour unternehmen, die Sonne genießen, endlich das angefangene Buch zu Ende lesen oder gemeinsam Zeit zum Spielen haben; eine Hausbootfahrt bietet viele Möglichkeiten, zur Ruhe zu kommen und die „Entschleunigung" in seinen Tagesablauf einfließen zu lassen. Man lässt den Alltag mit seiner Hast hinter sich, passt sich der Geschwindigkeit des ruhigen Flusslaufs an und hat dabei das Gefühl von Unabhängigkeit, verspürt einen Funken von Freiheit…

Ganz links:
Zeit für sich und ein Tässchen Kaffee in Mirow.

Links:
Immer wissen, wo man sich befindet – vier Augen sehen mehr als zwei.

Die Schulung für den Binnenführerschein besteht aus einem Theorieteil mit Prüfung, sowie einem praktischen Teil mit Kurshalten, An- und Ablegen, Anwendung der Knoten und einem „Mann-über-Bord"-Manöver.

Morgenstimmung in Mirow – vor dem Ablegen wird alles getrocknet und ausgelüftet.

Schon nach wenigen Tagen fährt man entspannt in eine Schleuse ein, so wie hier am Voss-Kanal.

Die Masurische Seenplatte in Polen

Die Masurische Seenplatte gibt mit ihren Städten und Dörfern auch einen Einblick in die vergangene, oft leidvolle deutsch-polnische Geschichte. Der Deutsche Ritterorden eroberte das „Prußenland", um es gewalttätig zu christianisieren und mit christlichen Siedlern zu besetzen. 100 Städte und 1000 Dörfer wurden zwischen 1230 und 1280 gegründet und trutzige Ordensburgen als ‚abendländischer Schutzwall' errichtet. Marienburg, Treuburg, Sensburg, Johannisburg, Rastenburg, Frauenburg, Angerburg ... heißen die Namen der Orte. Kriegerische Auseinandersetzungen zogen sich über Jahrhunderte von der Schlacht bei Tannenberg im Jahre 1410 bis zu jener gleichnamigen im Ersten Weltkrieg hin, die aber bei Hohenstein stattfand. Hitler verlegte sein Hauptquartier 1941 in die Wolfsschanze bei dem Dorf Gierło, die durch Stauffenbergs Attentat am 20. Juli 1944 auch zum Zeugnis des deutschen Widerstands wurde. Heute gehören die monströsen Bunkeranlagen, die jeder Sprengung widerstanden mit anderen militärischen Anlagen zu den meistbesuchten ‚Sehenswürdigkeiten' ganz Masurens.

Auf friedliche Weise geht es mit dem Hausboot im Norden der masurischen Seen aus dem Mauer-See in den kleinen Steinort-See, der vom Schloss der Grafen von Lehndorff und der herrlichen Allee dominiert wird. Heinrich Graf von Lehndorff, dem eine deutsch-polnische Erinnerungstafel gewidmet ist, gehörte zu den Eingeweihten des Attentat des 20. Juli und bezahlte dies mit seinem Leben.

Man beginnt eine Hausboottour vielleicht am besten im zentral gelegenen Mikołajki, denn von dort stehen einem die Hausbootreviere im Norden wie im Süden zur Entdeckung offen. Hat man die Leinen im quirligen Hafen gelöst, empfiehlt sich eine Fahrt auf den großen Spirding-See, der mit 114 Quadratkilometern Fläche der größte der masurischen Seen ist. Weite Teile seiner Uferlandschaft sind Naturschutzgebiete – in Masuren gibt es elf Reservate und den Masurischen Landschaftspark. Bei Popielno befindet sich die zoologische Forschungsstation, in der man sich um die Züchtung von Bibern und die Rückzüchtung der Wildpferderasse der Tarpane kümmert. Nicht weit entfernt ist der Luknajno-See, in den man nicht einfahren darf, da er

Eine endlose blaue Weite, verteilt auf mehrere größere Gewässer, liegt in der Masurischen Seenplatte zur Entdeckung vor dem Bug.

Europas größter Kolonie von Höckerschwänen Unterschlupf gewährt. Doch auch die befahrbaren Regionen bieten ein reiches Naturerleben: Schwarzstörche, Kormorane, Milane und Seeadler kreisen über dem Wasser, während man Elche, Hirsche, Wisente und Biber seltener zu Gesicht bekommt.

In kleinere Buchten und Wasserläufe kann man oft nicht hineinfahren. Warum es nicht einmal mit einem Kanu versuchen oder auf dem Land mit dem Rad eine Tour unternehmen? Besonders die Johannisburger Heide mit dem Krutinna-Fluss und der Beldahn-See sind ein Naturparadies. Das kleinere Pendant des Spirding-Sees im Süden bildet der Mauer-See im Norden, der eigentlich aus zehn verschiedenen Seen, wie dem Dargeinen-, Doben- und Kissain-See, zusammengesetzt ist und ein Revier von 104 Quadratkilometern umfasst. Er ist am besten vom Städtchen Giżycko aus zu erschließen, das zwischen ihm und dem Löwentin-See liegt. Zwischen den Seen erstrecken sich immer wieder naturnahe kanalartige Verbindungsstücke, die von Seerosen und Schilf bewachsen sind und auf 60 Kilometern schleusenfreie Fahrt garantieren.

Trotz aller Naturschönheiten und der endlosen Weite, die sich dem Blick eröffnet, sollten die Augen auch ab und an gen Himmel gerichtet werden – wie aus dem Nichts türmen sich in dieser Region, besonders im Sommer, plötzlich stürmische Gewitterwolken auf, die einen rasch das Ufer aufsuchen lassen sollten. Spätestens dort, fern jeder Zivilisation, hat man dann die Muße, sich Siegfried Lenz' Buch „So zärtlich war Suleyken" zu Gemüte zu führen, um noch tiefer in die masurische Seele einzutauchen.

Der viel besuchte Hafen von Mikołajki, den der angekettete Stinthengst bewacht, ist der Dreh- und Angelpunkt zwischen der südlichen und der nördlichen Seenplatte.

Am zentralen Anleger in Mikołajki steigen Besucher in die Ausflugsschiffe der Biała Flota, der Weißen Flotte, und erkunden die Seen auf einer Tagesfahrt. Beliebt ist die Fahrt zur Komoran-Insel im Doben-See.

Klarer polnischer Weizenwodka ist als Digestif unschlagbar – insbesondere vor einer derartigen Kulisse im Hafen von Mikołajki genossen.

Ganz im Norden der Seenplatte und nahe der russischen Grenze liegt die Stadt Węgorzewo. Einst vom Deutschen Orden gegründet, lebt sie heute vom Wassertourismus.

Begegnung mit einem Schiff der Weißen Flotte an der Kanal-Drehbrücke von Giżycko, die immer noch von Muskelkraft bewegt wird. Der Kanal verläuft seit 1772 durch die Stadt und verbindet den südlichen Löwentin- mit dem nördlichen Kissain-See.

Nahe Talty am gleichnamigen See, wechseln sich naturbelassene Kanalabschnitte mit kleineren Seen ab, bis man wieder in den großen Niegocin/Löwentin-See gelangt. Aufgrund der dicht bewachsenen Ufer ist es oft nicht einfach, die richtige Ausfahrt zu finden.

Die polnischen Gewässer sind traditionellerweise ein Seglerrevier, rücksichtsvolles Fahren und freundliches Verhalten gegenüber den windgesteuerten Booten wird mit einem Gläschen im Hafen und dem Gesang von melancholischen Liedern belohnt.

Die „Sluza“ bei Guzianka ist eine der wenigen im gesamten masurischen Hausbootrevier. Durch die Schleuse mit ihren nach unten zulaufenden Mauern muss man, wenn man nach Ruciane-Nida möchte. Dementsprechend groß ist der Andrang, vor allem von Seglern.

Mikołajki ist mit seinen knapp 5000 Einwohnern ein hübsches Städtchen, in dessen touristische Infrastruktur viel investiert wurde. Den kulturellen Reichtum der Vergangenheit weiß man zu schätzen und unterhält die zahlreichen Kirchenbauten.

Prächtige private Villen direkt am See Ryńskie bei Ryn/Rhein zeigen den gestiegenen Lebensstandard, zu dem ein Segelboot und immer öfter auch eine Motoryacht gehören.

Die mächtige ehemalige Ordensburg in Ryn/Rhein war im 14. Jahrhundert die zweitgrößte in Gesamt-Europa und erhielt ihre neogotische Gestalt erst im Jahre 1853. Sie wird als Hotel mit Tagungsmöglichkeiten genutzt.

Nahe Mikołajki findet man am Ufer und auf dem Wasser alle Typen von Booten. Vom einfachen Ruderboot bis hin zum Nachbau eines Piratenschiffs, das Gäste des dahinter liegenden Hotels zu einer Abenteuerfahrt einlädt, ist alles vertreten.

Überlistung der Natur – technische Meisterleistungen des Kanalbaus

Letztendlich geht es beim Kanalbau darum, der Natur ein Schnippchen zu schlagen. Die Kanalbauer sahen sich mit unumstößlichen Naturgesetzen konfrontiert: Das Wasser fließt in seinem natürlichen Lauf, über mehrere Stationen von der kleinen Bergquelle bis zum breiten Fluss, letztendlich einem Meer zu. An den Wasserscheiden wird das Wasser in die eine oder in die andere Richtung ‚gelenkt'.

Rechts:
Am Oberländischen Kanal in Polen traut man seinen Augen nicht: Schiffe verlassen die Wasserstraße und werden auf Gitterwagen geladen, die die Rollberge auf Schienen hinauf- oder hinuntergelassen werden. In Buczyniec/Buchwalde ist der einzige Rollberg, den man auch mit dem Auto erreichen kann.

Früh versuchte man, diese natürlichen Gegebenheiten zu ändern: Schon die Römer waren bekannt für ihre Kanalbaukunst und ihre Aquädukte, die Wasser über große Strecken zu transportieren vermochten. Nach dem Prinzip der kommunizierenden Röhren war es ihnen bereits möglich, das Wasser von einem Höhenzug durch ein Tal hinab zum nächsten Höhenzug zu bewegen. Leonardo da Vinci, der sich zuletzt auf Schloss Clos Lucé bei Amboise seinen genialen Ideen widmete, soll bei der Entwicklung der Schleusen Pate gestanden haben. Da Vinci kannte natürlich die römischen Bauwerke seiner Heimat und soll bei seinen Reisen durch Frankreich unter anderem an den Fluss Cher und in die Nähe der Stadt Vierzon gelangt sein. Dort sei ihm dann die Idee gekommen, den Abstand zwischen zwei aufgestauten Wasserstellen nach der Länge eines Schiffes zu bemessen, und so sei das System der Schleuse, die im Französischen ‚écluse à sas' heißt, erfunden worden.

Die jahreszeitlich bedingten Schwankungen der schiffbaren Wasserhöhe und das ungefährliche Überwinden von Gefällstrecken hatte man dadurch weitgehend im Griff. Die Schleusen sind dabei immer streng rechteckig erbaut worden, bis beim Bau des Canal du Midi einige derartig konstruierte Schleusen dem Druck nicht standhielten und einstürzten. Fast zeitgleich wagte man sich um 1620 am Finow-Kanal an eine Verbindung zwischen Havel und Oder und errichtete elf hölzerne Schleusen. Pierre-Paul Riquet erprobte dort das Prinzip der ovalen Schleusen. Die alten römischen Brücken mit ihrer gebogenen, stabilen Stützform mögen ihn auf den Gedanken gebracht haben, dieses Bauprinzip bei seinen Schleusen anzuwenden. Weltweit einmalig ist die Schleuse bei Agde, die kreisrund und als Dreiwegeschleuse konzipiert ist. Von diesem Kanal zweigt zusätzlich ein Verbindungskanal des Hérault zum Mittelmeer ab, das nur knappe fünf Kilometer entfernt liegt. Beim Schleusenbau musste in einzelnen Fällen darauf geachtet werden, dass man mit Schleusen oder Absperrvorrichtungen die unterschiedlichen Strömungen und Gezeiten des Meer- und Flusswassers oder zweier Flüsse ausgeglichen vermengte.

Der Oberländische Kanal wurde zwischen 1844 und 1881 geschaffen und hat zwischen Elbląg und Ostróda insgesamt eine Länge von 80 Kilometern. Auf einer Strecke von zehn Kilometern werden die Schiffe fünf Mal auf die Schienenwagen geladen, um auf dem Landweg bei einer Spurbreite von 3,14 Metern insgesamt einen Höhenunterschied von fast 100 Metern zu überwinden. Jede dieser Fahrten dauert etwa 15 Minuten. Ein ausgeklügelter Mechanismus von umlaufenden Drahtseilen macht es möglich, dass die Schiffe gegenläufig auf den 20 Meter langen und drei Meter breiten Rollwagen die wie Hausdächer angelegten Berge überwinden können.

Überwindung der ersten Wasserscheide

Der erste französische Kanal, der erstmals eine Wasserscheide überwand, war der 1642 fertig gestellte Canal de Briare, der die Verbindung zwischen den Flüssen Loire und Seine über den Loing herstellte. Insgesamt war eine Höhe von 165 Metern zu überwinden, was mit natürlichen Zuflüssen in den Kanal gemeistert werden konnte. Schon Adam de Craponne ließ die Frage keine Ruhe, wie man eine Wasserscheide mit einem Kanal überqueren könnte. Dazu entwickelte er 1557 einen Plan: Links und rechts der Wasserscheide wurde das jeweils abfließende Wasser in Kanälen gesammelt und in einer Art Staubecken am Scheitelpunkt gesammelt. Das Wasser konnte nun einen Kanal, der sich auf einer Seite des Berges zur Wasserscheide mittels Schleusen emporgearbeitet hatte und auf der anderen Seite wieder hinunter, vom höchsten Punkt aus gleichzeitig mit

Das Maschinenhaus in Buczyniec – das große Wasserrad setzt sich in Bewegung, wenn sich ein Schiff auf dem Wagen befindet und überträgt die Wasserkraft auf die Drahtseile!

Rechts:
Ein Blick in das Innere des Schiffshebewerks von Niederfinow, das 60 Meter hoch, 94 Meter lang und 27 Meter breit ist!

Auf der Vecht bei Loenen in den Niederlanden hat sich, wie fast überall, das Schleusen mittels elektronischer Chipkarte durchgesetzt – einfach und praktisch, aber leider entfällt das Schwätzchen mit dem Schleusenwärter!

21 Brücken sind auf der 36 Kilometer langen Vecht zu passieren, meist sind es in den Niederlanden Hebebrücken, die je zur Hälfte an beiden Straßenseiten emporgehoben werden. Früher wurden die Zugbrücken mit Muskelkraft bedient, heute geht alles moderner vonstatten. Hebebrücken können als Hubbrücken auch im Ganzen hochgezogen werden.

dem notwendigen ‚Treibstoff' versorgen. Pierre-Paul Riquet füllte seinen Canal du Midi ebenfalls mit der 24 Kilometer langen Rigole de Montagne und der 35 Kilometer langen Rigole de la Plaine. Beide erfüllen noch 300 Jahre nach ihrer Konstruktion ihre Funktion. Bei anderen Kanälen legte man Stauseen als Wasserreservoirs an und richtete Pumpstationen ein, die dem Kanal immer wieder neue ‚Nahrung' zuflößten. Die Scheitelhaltung des Canal du Midi beim Col de Naurouze beträgt immerhin 190 Meter und trennt das Wasser vom Atlantik zum Mittelmeer. Die höchste Scheitelhaltung Frankreichs wird auf dem Canal de Bourgogne mit 387,50 Metern überwunden, was die Vielzahl der Schleusen erklärt. 113 steigen von der Wasserscheide zur Yonne hinab, deren Wasser im Atlantik ankommt und 76 zur Saône, deren Wasser sich ins Mittelmeer ergießt.

Tunnelfahrten

Doch nicht nur der natürliche Lauf des Wassers musste beim Kanalbau überlistet werden. Was tun, wenn sich ein hoher Berg, gar ein Gebirge entgegenstellt? Nichts einfacher, als einen Tunnel zu graben? Dieser Mühe unterzogen sich zum ersten Mal jene wagemutigen Arbeiter am Canal du Midi, die sich in nur sechs Tagen unter dem Hügel von Ensérune durch den kalkhaltigen Felsen gruben. Der Tunnel von Malpas ist über 160 Meter lang und an der Wasseroberfläche 6,45 Meter breit. 30 gemauerte Bögen halten das Gewölbe. Andere Tunnel folgten und wurden immer länger. Ein Beispiel ist der von Mont-de-Billy mit seinen 2,302 Kilometern auf dem Canal de l'Aisne à la Marne. Auf dem Canal de la Marne au Rhin, Rhein-Marne-Kanal, vollbrachten die Erbauer 1853 das Kunststück, mehrere Wasserscheiden mit Tunneln zu überbrücken. In Niderviller müssen 475 Meter und gleich darauf in Arzviller 2,307 Kilo-

meter Tunnel in rotem Sandstein durchquert werden und somit die Wassergrenze zwischen Meurthe und Rhein. Kurvig und wirklich beeindruckend ist dann der Tunnel von Mauvages am Scheitel von Marne und Mosel, denn hier geht es auf sage und schreibe 4,877 Kilometer unter Tage. Zu bestimmten Uhrzeiten werden die Schiffe von einem elektrischen Schlepper getreidelt. Auch auf dem erst 1966 fertig gestellten Canal du Nord wollte man mit einem Tunnel eine Wasserscheide überqueren und erbaute den 4,350 Kilometer langen Tunnel von Ruyaulcourt. Das Besondere an ihm: Gleichzeitig können Schiffe auf beiden Seiten in den 6,30 Meter breiten Kanal einfahren, sie treffen dann nach je 1,6 Kilometern auf ein 1,150 Kilometer langes Mittelstück, das so verbreitert ist, dass zwei Schiffe aneinander vorbeifahren können. 1728 begann man mit dem Bau des parallel verlaufenden Canal de Saint-Quentin, der unter Napoléon 1810 zum ersten Mal befahren wurde. Dort ziehen durch den Tunnel von Riqueval elektrisch betriebene Schlepper pro Tag zwei Verbände in jeder Richtung und das zweieinhalb Stunden lang, denn der Tunnel ist mit seinen 5,670 Kilometern der längste in Frankreich!

Mit dem Schiffshebewerk gelangt man vom Eberswalder Urstromtal in den Oderbruch hinunter oder in Gegenrichtung hinauf. Bis zu 1000 Tonnen Last können in der 4300 Tonnen schweren „Badewanne“ auf ein Mal um 36 Meter nach oben gefahren werden. Welch gigantische Kraft vermag das zu leisten? Denn allein die Seile wiegen nochmals 90 Tonnen. Nur vier Motoren mit zusammen 300 PS betreiben die 256 Stahlseile, denn zu jedem Gewicht gibt es ein entsprechendes Gegengewicht, sodass die Last exakt verteilt wird.

Rechts:
Das Schiffshebewerk von Saint-Louis/Arzviller transportiert seit 1969 als Teil des Rhein-Marne-Kanals Schiffe über eine Höhe von 44,55 Metern und das Ganze in einer Art Trog.

Unten:
Am Unterlauf der Charente bei Rochefort-Martou begegnet man einer Förderbandbrücke, mit der auf einer Breite von 129 Metern seit 1900 Lasten transportiert werden konnten. Das Bauwerk wurde von Ferdinand Arnodin konzipiert und war bis 1967 in Betrieb. Als letzte „transbordeur" Frankreichs wurde sie für Fußgänger und Radfahrer seit 1994 wieder in Betrieb genommen.

Wasser über Wasser

Auch Flüsse wurden von den Kanalerbauern als Hindernisse angesehen – also baute man in Béziers für den Canal du Midi von 1857 bis 1858 eine Kanalbrücke, um auf die andere Seite zu kommen. Der Orb war als Fluss schwierig zu durchfahren, so wurde er mit einer kühnen Konstruktion von sieben Bögen mit 240 Metern Länge in zwölf Metern Höhe überquert. Beim Bau der Brücken mussten die Ufern ausreichend befestigt werden, um dem Gewicht standzuhalten. Zudem musste der Kanal über die Brücke wasserdicht angelegt werden. Am Loire-Seitenkanal ist besonders das 663 Meter lange Aquädukt von Briare über die Loire hinweg berühmt geworden. Wegen der Strömungsverhältnisse in der Loire war an eine steinerne Brücke nicht zu denken, so konzipierte Léonce-Abel Mazoyer eine stählerne Metallbrücke. Die Brückenpfeiler wurden allerdings mit Steinen errichtet. Die Brücke gilt als herausragendes Zeugnis des Stils der Dritten Republik unter Napoleon III. Ebenfalls am Loire-Seitenkanal bewundert man die 240 Meter lange Brücke von Digoin. Schon der Festungsbaumeister Marquis de Vauban hatte Brückenkonstruktionen geplant, so ein Aquädukt über den Tarn bei Moissac und die Garonne bei Agen.

Rechts:
Gewaltige Wassermassen schießen einem bei der Schleusentreppe von Fonserannes am Canal du Midi in jeder der sechs Schleusen entgegen. Von Pierre-Paul Riquet wurde die genial-einfache Konstruktion 1856 konzipiert.

Langwierige Schleusungen mittels Schleusentreppen versuchte man mit dem Prinzip eines schnelleren Aufzugs zu umgehen. Wie in eine große Badewanne fährt man in das Schiffshebewerk in Saint-Louis/Arzviller hinein. Seit 1969 funktioniert der Aufzug auf dem Rhein-Marne-Kanal und ersetzt in 20 Minuten insgesamt 17 Schleusen – Schwindelfreiheit vorausgesetzt. Ein weiteres Hebewerk steht am Garonne-Seitenkanal bei Montech, hier werden seit 1974 mit einem sogenannten Wasserkeil Schiffe auf einem schräg abfallenden Kanal den Berg hochgezogen. Aber auch von Rückschlägen gibt es zu berichten: In Fonserannes sollte ein derartiger Wasserkeil die siebenstufige Schleusentreppe ersetzen, doch das beeindruckende Werk von 1983 steht still. Schon 1934 wurde im brandenburgischen Niederfinow am Oder-Havel-Kanal das dortige Schiffshebewerk in Betrieb

Kurz hinter der Anlegestelle bei Scey-sur-Saône kommt der in Einwegfahrt zu passierende Tunnel Saint-Albin, dessen Zufahrt eine Ampelanlage regelt. Er hat eine Breite von 6,55 Metern, ist 680 Meter lang und 4,10 Meter hoch. Ohne Motorbetrieb hatte man sich per Ruder vorwärts zu bewegen oder sich an den Ketten entlang zu ziehen.

genommen. 60 Meter ist es hoch, hat ein Füllgewicht von 4300 Tonnen und überwindet 36 Meter in flotten fünf Minuten. Fast 40 Jahre war es das größte Hebewerk der Welt, bis in den 1970er-Jahren am Elbe-Seitenkanal bei Lüneburg mit dem Schiffshebewerk Scharnebeck ein noch größeres entstanden ist!

Beim Oberländischen Kanal in Polen sah man sich 1844 bei Elbląg mit einem anderen Problem konfrontiert. Die unterschiedlichen Wasserhöhen der einzelnen Seen machten eine Verbindung mit Schleusen unmöglich – man hätte auf nur acht Kilometern 104 Höhenmeter überwinden müssen. Kurzerhand baute man insgesamt fünf Rollberge (oder „geneigte Ebenen"), auf denen die Schiffe spektakulär über Geleise und über Land von einer Wasserstelle in die andere gezogen werden. Ein weiteres Hindernis des Oberländischen Kanals hat man ebenfalls gelöst – so liegt im Abiskar-See das Wasserniveau etwa einen Meter unterhalb des Wasserspiegels der anderen Seen. Kurzerhand errichtete man einen riesigen 40 Meter breiten Erdwall und legte in ihm einen Kanal an. So fährt man auf 500 Metern auf einem Kanal durch einen See hindurch!

Am Eingang des Tunnels von Arzviller sieht man noch die Schienen der Lokomotiven, die früher die Schiffe durch den Tunnel zogen. Im Tunnel wird die Wasserscheide zwischen Meurthe und Rhein und damit zwischen Atlantik und Nordsee überfahren.

Auf dem 242 Kilometer langen Canal de Bourgogne überquert man bei Saint-Florentin mit einer Kanalbrücke das Flüsschen Armançon und hat dabei Ausblick auf die Chablis-Weinberge.

Irland – grüne, mythische Insel

Der majestätische Shannon ist der längste Fluss Irlands und liegt in einer malerischen Landschaft. Auf einer Länge von 220 Kilometern befahrbar, hat er insgesamt nur sechs Schleusen, die die zahlreichen größeren und kleineren Binnenseen miteinander verbinden. Es ist ein überaus vielfältiges Revier, mit den großen Seen und Inseln, den Moorgebieten der Midlands und Schilfgebieten der Carnadoe Waters. Für das Befahren des gesamten Shannon-Reviers sollte man sich mindestens 14 Tage Zeit lassen. Die meisten Fluggesellschaften fliegen Dublin, aber auch Shannon und Knock an, die alle nicht weit entfernt liegen.

Schöne Dörfer und gemütliche Pubs

Im Norden Irlands kann der Shannon-Erne Waterway, die Verbindung zwischen Shannon- und Erne-Revier, befahren werden. Er wurde im Jahre 1994 nach einer langen Restaurierung wiedereröffnet, ist 63 Kilometer lang und weist Kanalabschnitte auf, die von kleineren Seen und Flüssen unterbrochen werden. So muss man 16 Schleusen passieren und unter 34 Brücken hindurch fahren. Ballinamore ist der Hauptort am Shannon-Erne-Kanal. Hier kann man sich mit allem Nötigen versorgen und gleich einen der gemütlichen Pubs besuchen. In Richtung Norden, vorbei an bewachsenen Ufern und Moorlandschaften erreicht man das schöne Städtchen Ballyconnell, ausgezeichnet mit dem „Tidy Town“, für das schönste Dorf, am Fuße des Slieve Russell. Hier finden Golffreunde einen 18-Loch-Golfplatz auf der Anlage eines Luxushotels. Über den ruhigen Woodford River fährt man weiter, in den vor allem bei Boots- und Angelfreunden beliebten Ort Belturbet. Über den Upper Lough Erne steuert man weiter nach Enniskillen, dem Zentrum des Seengebietes mit dem Buttermarkt, auf dem Töpfer- und Kunsthandwerk angeboten wird. Dieses gepflegte Städtchen ruht auf einer Insel zwischen Upper und Lower Lough Erne und ist durch Straßenbrücken mit dem Festland verbunden. Rund um das historische Zentrum mit dem restaurierten Marktgelände gibt es viele Einkaufsmöglichkeiten. Das Enniskillen Castle beherbergt ein Heimat- und Militärmuseum. Am östlichen Stadtrand von Enniskillen liegt das Castle Coole. Hier macht der klassizistische Baustil seinem Namen alle Ehre: Das Schloss wirkt kalt und unnahbar. Und doch ist es das prächtigste Bauwerk seiner Art in ganz Irland. Nach einer Visite entspannt man sich gern in einem der gemütlichen Restaurants und Pubs. Weiter in nördliche Richtung setzt man die Fahrt über die Erne-Seen fort. Hier kommen vor allem Angelfreunde zum Zuge. Eine weite Wasserfläche, umrahmt von Hügeln und steinigen Hängen mit imposanten Klippen, geht direkt in eine Moorlandschaft über. Einige Kilometer nördlich von Enniskillen lohnt ein Abstecher auf Devenish Island. Der heilige Molaise gründete hier im 6. Jahrhundert eine Klosteranlage, die bis ins 17. Jahrhundert zu den wichtigsten religiösen Stätten Irlands zählte. Über den Woodford River erreicht man wieder die Region des Shannon-Erne-Kanal. Der Garadice Lough gehört

zu den landschaftlich besonders reizvollen Seen Irlands und lohnt einen weiteren Abstecher.

Auf dem Shannon-Erne Waterway, auch hier ab Ballinamore, fährt man in Richtung Shannon und stoppt in dem, für seine St. Patrick's Day-Parade berühmten, Dorf Keshcarrigan. Wer das Abenteuer liebt, fährt nun weiter über den Lough Scur, dem höchstgelegenen See des Waterway, auf dem eine Schleusentreppe zum Shannon hinabführt. In der Höhe Leitrim trifft der Kanal dann auf den Shannon.

Stille Seen

Von Carrick-on-Shannon, der lebhaften Hauptstadt der Shannon-Region, geht die Fahrt über den Boyle River, vorbei an Cootehall und Knockvicar, in das Lough Key-Gebiet, mit stillen Seen und vielen kleinen Inseln. In der kleinen Stadt Boyle besichtigt man die Ruinen einer Zisterzienserabtei, bevor über den malerischen Boyle River das touristische Städtchen Dromod erreicht wird. Der Shannon ist von einer intakten Landschaft umgeben, folgt man ihm in Richtung Atlantik. Wunderschön ist es über Carrick-on-Shannon in Richtung Drumaleague Lough ins Land der Mythen zu schippern. Megalithen und Dolmen weisen auf die frühchristliche Zeit hin. Von Keshcarrigan über die Seen St. Johns Lough und Kiltybardan Lough reist man, mit vielen Eindrücken wieder nach Ballinamore zurück.

Der Devenish Island Monastic Site weist auf Überreste des frühen Christentums hin, das hier bereits im 5. Jahrhundert mit Kirchen- und Klostergründungen einsetzte. Irische Mönche drangen dann bei ihren Missionsreisen bis weit auf das europäische Festland vor.

Der Shannon-Erne-Waterway verbindet zwei Hausbootreviere und ist in zwei bis drei Tagen gemütlich zu befahren.

Ballinamore, das zu deutsch „Mündung an der großen Furt“ bedeutet, liegt genau in der Mitte des 63 Kilometer langen Shannon-Erne-Waterways und bietet, wie die anderen Anlegestellen, allen Service. Doch ist es genauso möglich, an einsamen Liegeplätzen Rast zu machen.

Auf dem 1999 nach jahrelanger Renovierung wieder instand gesetzten Kanalstück gibt es 16 Schleusen, kleine Seen und Flussstrecken, die reichlich Abwechslung bieten.

Ganz links, Mitte:
Speziell für die englischen und irischen engen Kanäle wurden die „Narrow Boats“ konzipiert, die der gesamten Familie samt Haustieren und den zu transportierenden Waren Platz bieten mussten.

Die 16 Schleusen sind mit modernster Technik ausgestattet und können mit einer Chipkarte, der „smartcard“, und von einem Steuerpult aus leicht bedient werden. Die Einweisung erfolgt vom Bootsvermieter oder spätestens an der ersten zu passierenden Schleuse. Die eingesetzte Technik hat die Schleusenwärter ersetzt, doch über eine Rufanlage kann einem noch geholfen werden.

Am äußersten Zipfel des Shannon liegt der malerische Lough Key mit seinem besuchenswerten Forest Park, der 350 Hektar umfasst. Vom Baumkronenpfad aus überblickt man die reizvolle Seenlandschaft und den Moorgarten.

Über 100 Jahre war der Verbindungskanal zwischen dem Wassersystem des Shannon und des Erne stillgelegt, bis man durch ihn die relativ unbekannte Region wieder erschlossen hat.

Auf dem Upper Lough Erne gibt es viele mit Schilf, Sträuchern und Bäumen bewachsene Inseln, auf denen sich nur ab und an eine menschliche Behausung findet.

Die Erne-Seen mit ihren zahlreichen Inselgruppen liegen bereits in Nordirland, die Einheimischen lassen sich aber durch die religiös-politischen Streitereien nicht in ihrer Gastfreundschaft beeinflussen.

Fermanagh ist ein wahres Naturparadies – das sich bei einem Glas Whisky entspannt genießen lässt.

Irland ist immer noch landwirtschaftlich geprägt – über 80 Prozent der Fläche werden vor allem für das „mixed farming“ genutzt, das sich durch eine Vielzahl an Produkten, vor allem für den Eigenbedarf, auszeichnet. Mit diesen Erzeugnissen und denen der Fischerei lässt sich ein Aufenthalt in Irland kulinarisch gestalten.

Angeln in Irland ist eine Sache der richtigen Vorbereitung: Die Kenntnis der Gewässer und der Einsatz des richtigen Köders ist unabdingbar, denn die Bachforelle geht in den Monaten von März bis Mai auf unterschiedliche Fliegen. Leichter ist das Angeln mit einem Köder, der Brassen, Barschen und Rotaugen zum Verhängnis wird.

Nicht weit von Newtonbutler, einer kleinen, ländlich geprägten Siedlung, hält dieser Zeuge aus längst vergangener Zeit einsam Wacht.

Das Crom Castle bei Newtonbutler am Upper Lough Erne war der Sitz der Earls of Erne und wurde 1611 erbaut. Heute kann man einen Flügel der beeindruckenden Anlage mieten.

Die irische Geschichte ist eine Geschichte des Landbesitzes – 1603 befanden sich gut 90 Prozent des Landes in der Hand katholischer Besitzer – 1778 nur noch fünf Prozent. Mit der Niederschlagung des irischen Aufstands 1649 durch Oliver Cromwell, wurden die katholischen Besitzer enteignet und auf den Landgütern puritanische Offiziere angesiedelt. Einige dieser Landgüter finden sich auch am Lauf des Upper Lough Erne.

Durch die sattgrünen Weiden fließt der Lower Lough Erne gemächlich, grasende Pferde und Rinder heben nur kurz den Kopf, um dem vorbeifahrenden Boot nachzuschauen – Fische tummeln sich knapp unterhalb der Wasseroberfläche, das Leben verläuft hier nach eigenen Gesetzen.

Das lebhafte Carrick-on-Shannon ist der nördlichste Punkt des Shannon und damit natürlicher Zielpunkt von Hausbootfahrern und anderen Wassersportaktiven. Die traditionellen Pubs und die Restaurants mit exotischer Küche laden zu einem ausgedehnten Bummel ein, bevor man weiter nördlich auf dem Shannon-Erne-Waterway wieder in ruhigeren Gewässern schippert.

Der Shannon mit seiner gesamten befahrbaren Länge von über 1000 Kilometern ist imposant und gilt als das größte zusammenhängende Bootsrevier Europas. Weniger als zehn Schleusen und drei bewegliche Brücken sind dabei zu passieren. Da freut man sich bei Carrick-on-Shannon unter ein paar Brücken durchzufahren.

Rinder grasen an grünen Ufern – das Nationalgericht Irish Stew ist aber eine Art Eintopf mit Lammfleisch und Kohl. Meist ist das Fleisch für den Export bestimmt. Im Süden des Landes steht dagegen die Milch- und Butterwirtschaft im Vordergrund.

NICHT NUR FISCH – HAUSBOOT-KULINARIA

Beim Hausbootfahren in Europa entdeckt man nicht nur unbekannte schiffbare Gewässer, man kann auch die landestypischen Speisen und Getränke kennen lernen. Natürlich steht auf dem Speiseplan Fisch und alles, was aus dem Wasser kommt, ganz oben. In fast allen Revieren ist es möglich, mit einer befristeten Erlaubnis zu angeln – beißt nichts an, gibt es bestimmt am Ufer einen Fischer oder in der Stadt eine Markthalle, in der man fündig werden kann. In den Masuren sind es die Kleinen Maränen, Forellen, Zander, Barsche und Aale, die frisch oder geräuchert verkostet werden – diese Fischsorten gibt es ebenso in den deutschen und niederländischen Gewässern. Muscheln und Matjes ergänzen dort das Angebot. Austern sind eine französische und irische Spezialität, die „cicheti", venezianische Häppchen mit Fisch sind Teil der Antipasti. Das irische „Seafood Chowder", eine Suppe mit Meeresfrüchten, wird oft mit Kartoffeln und Sahne püriert und hat nichts gemein mit der französischen „Bouillabaisse". Im Veneto liebt man das Stockfischmus „Purea di Baccalà", das mit Brot zur Vorspeise oder einer Polenta als Hauptgang gereicht wird.

Kartoffeln, ihr einstiges Hauptnahrungsmittel, lieben die Iren in ihrem „Irish Stew", einem Eintopf aus Hammelfleisch und Zwiebeln, sowie Karotten , oder auch den Eintopf „Dublin Coddle", der mit Schweinswürstchen garniert wird. Im Elsass gibt es das leckere Sauerkraut, das man ‚schweinisch' zubereiten kann, das aber auch mit Fisch hervorragend schmeckt. Sauerkraut ist auch Grundbestandteil des polnischen Nationalgerichts „Bigos", das aufgewärmt am besten schmeckt – also ein ideales Gericht für eine Hausbootfahrt. International sind die französischen „Pommes frites" geworden, die besonders zu Fisch und Fleisch munden. Wer Suppen mag, ist in Polen richtig. Dort finden sich die Rezepte zur Borschtschsuppe in allen Variationen, Grundbestandteil sind immer Rote-Bete.

Endlich Gemüse, wird sich der Vegetarier denken – wer das Glück hat, an großen Gemüse-Anbaugebieten vorbeizukommen, wie in Werder bei Potsdam, glaubt sich von der Aubergine bis zur Zwiebel im siebten Gemüsehimmel. Überbackener Spargel in den Niederlanden und Asparagi in Italien, Artischocken in Frankreichs Süden, Bohnen in allen Formen und Farben, knackige Salate, wohingegen Pilze das polnische Gemüse ersetzen – am besten frisch, heißt überall die Devise!

Rechts:
Die irische Kneipenszene lockt zu einem Bummel im Hafen – neben „stout", den dunklen Bieren, gibt es auch die helleren „lager". Die Pubs von Dingle auf der Dingle Peninsula sind zudem bekannt für ihre begleitende Live-Musik.

Guinness ist wohl das bekannteste irische Bier – es wird in den typischen Gläsern serviert und von einer schmalen Schaumkrone bedeckt.

KÄSEVIELFALT

Zum Glück ist Käse wirklich noch ein vielfältiges Produkt, das sich jeglicher europäischen Vereinheitlichung verweigert. Die Niederländer sind mit Edamer und Gouda weltweit bekannt, die Iren kultivieren ihren „cheddar“ und die Franzosen haben, so sagt man, so viele Käsesorten, wie Tage im Jahr: Von Brie und Bleue de Bresse reicht das Angebot bis zum Roquefort. Geriebener Käse passt immer zu Teigwaren: „Pasta e fagioli“ ist zum Beispiel ein Nudelbohneneintopf. Eine weitere Mehlspeise steht in Polen hoch im Kurs: Die „pierogi“ sind schmackhafte Teigtaschen, die mit allen erdenklichen Zutaten gefüllt sein können.

Doch was ist das beste Essen, wenn es nicht von einem passenden Getränk begleitet wird? Müßig zu sagen, dass eine Hausboottour in Frankreich, zumal im Burgund, im Elsass oder im Midi, dass eine Tour in Venedig ohne regionale Weine gar nicht denkbar ist und zur Eröffnung eines Essens ein Prosecco oder ein Crémant gereicht wird. Die Iren bevorzugen, wie die Polen ihr „piwo“, ein dunkles oder helles Bier – im Nordosten Deutschland gibt es auch noch

In Ballinamore werden am Morgen die Bierfässer gefüllt abgeladen und am Abend wieder leer abgeholt.

Auch im O'Connors in Doolin genießt man das dunkelbraune, fast schwarze Guinness mit dem unvergleichlichen malzigen Geschmack.

Atmosphäre pur bei der typischen traditionellen Musik – hier im O'Connors in Doolin.

Am Schalter wird das Bier bis zur berühmten „last order“ vor der Sperrstunde bestellt und ausgegeben, wie hier in Dick Mack's in Dingle.

Auf der Käsefarm bei Loenen in den Niederlanden fällt die Wahl unter den ausgestellten Käsen sehr schwer!

Ganz rechts:
Fangfrischer Fisch vom Morgen, wird auf dem Boot in Węgorzewo/Masurische Seenplatte gekonnt ausgenommen und gleich zum Mittagessen verspeist!

Nicht nur Gouda, Edamer und Leerdamer – die Käsevielfalt in den Niederlanden lässt keine Wünsche offen.

Im Käsemuseum in Edam kommt der gleichnamige weltbekannte Käse zu Ehren, der seit dem 16. Jahrhundert auf dem Käsemarkt verkauft wird.

Die Käserei „De Willigen“, bei Vreeland am Westufer der Vecht gelegen, kredenzt zu ihren Käseprodukten den 30-prozentigen „Ambrosia“, einen Honig-Kräuterbitter, der einen herrlichen geschmacklichen Kontrast bildet.

kleinere Hausbrauereien. In den Niederlanden kommt man ebenso in den Genuss vielfältiger Biere. Was wäre Irland ohne seinen Whiskey und seinen Apfelmost „cider“, den man als „cidre“ in Frankreich wiedertrifft. In den Niederlanden nimmt man nach dem Essen einen Genever, während um die masurischen Seen der Wodka fließt, in Frankreich hingegen Cognac und Armagnac.

Natürlich sollte man noch die heimischen Nachtische und Desserts probieren. „Dolci“ heißen die süßen Verführungen in Venedigs Pasticcerias. Die leckere Limburger Obsttorte „vlaaeien“ oder den irischen „apple pie“ sowie die südfranzösischen „calissons“ und die süßen „pannenkoeken“ sollte man einfach versuchen. Ein Landgang, um sich die diversen Spezialitäten zu Gemüte zu führen, empfiehlt sich also auf jeden Fall.

Entlang der Müritz-Elde-Wasserstraße trifft man auf zahlreiche Fischräuchereien, wie hier in Plau. Die Technik des Fischräucherns ist überall dieselbe – ob in Plau oder in Giżycko. Es kommt vor allem auf das Holz an, in dessen Rauch der Fisch hängt. Meist nimmt man dazu Erlenholz. Besonders zur Vorspeise eignen sich die geräucherten Fischspezialitäten.

In den Masuren ist die Maräne der Brotfisch der Fischer, den man auch direkt bei ihnen kaufen kann. Die Maränen werden gebraten oder als schmackhafter Räucherfisch zubereitet.

In Bouzigues am Étang de Thau, das weithin mit Austernbänken besetzt ist, kann man direkt bei den Züchtern die bei Kennern und Genießern beliebte Spezialität erstehen.

Nicht nur die Markthalle von Cognac bietet feine und frische Produkte. Über ganz Frankreich verteilt findet sich zentral in jeder größeren Stadt eine meist im Stil der Jahrhundertwende erbaute Markthalle.

Großes Bild rechts:
Es gibt nichts Schöneres als auf der Flying Bridge eine kleine Mahlzeit einzunehmen – in Aigues-Mortes bestehend aus Oliven, Baguette, Pâté und Salami.

Oft machen Hinweisschilder entlang des Kanals auf Produzenten von regionalen Produkten aufmerksam. Bei der Verkostung und dem Kauf ergeben sich oft nette Gespräche, so wie beim Armagnac-Hersteller im Chateau Le Courrejot an der Baise.

In Frankreich gehören die frischen Baguettes und Croissants zum Frühstück dazu. Besonders lecker sind sie, wenn sie wie hier in Fumay im Tal der Maas im Holzofen gebacken werden.

La Clape
2004

Die Niederlande – nicht nur Tulpen und Windmühlen

In den beiden Provinzen Noord- und Zuid-Holland mit der Grachtenstadt Amsterdam findet man die besten Hausbootreviere der Niederlande. Wegen ihrer Küstennähe waren sie wirtschaftlich immer sehr bedeutend und sind deshalb auch namensgebendes Synonym für die gesamten Niederlande geworden. Die Vereinigten „Nieder"-lande, die es als Staat erst seit 1830 gibt, tragen ihren Namen zurecht – 25 Prozent des Landes liegen unter dem Meeresspiegel, fast sieben Meter darunter der tiefste Punkt, 323 Meter misst die höchste Erhebung des Landes. 20 Prozent der Landesfläche wurden dem Meer im Laufe der Jahrhunderte abgetrotzt. Der Schleusenbau bekam in den Niederlanden eine andere Dimension, da man sich mit seiner Hilfe, das Wasser vom Land hielt, was bei Ebbe und Flut eine zusätzliche Herausforderung darstellte. Mit den Flapptoren, die sich bei Ebbe öffneten und bei Flut schlossen, erfand man dazu eine recht einfache und wirkungsvolle Methode. Mit hohen Deichen und Dämmen schützte man das Land vor weiteren Überflutungen und Windmühlen schöpften das anfallende Wasser, wie das Regenwasser, das nun nicht mehr abfließen konnte, mit Schöpfkellen in die zum Meer offenen Gewässer. Ein gigantisches Projekt wurde 1932 verwirklicht: Der 33 Kilometer lange Afsluitdijk, ein Damm zwischen Oosterland und Kornwerdersand, 90 Meter breit, wurde nach über 40-jähriger Planung und Bauzeit fertig gestellt und trennt das Meereswasser vom einströmenden Süßwasser im Seglerparadies IJsselmeer.

Die Niederländer schufen einst mit den ‚Kolonialwaren', wie Tabak, Gewürzen, Kaffee und Kakao ihren Reichtum, der aber auch mit Sklavenhandel und Unterdrückung in den Kolonien einherging. Die Gewinne aus dem Handel der Vereinigten West- und Ostindischen Kompanien investierten die reich gewordenen ‚Pfeffersäcke' auch in ihr Heimatland. Der wachsenden Bevölkerung konnte mit der ehrgeizigen Landgewinnung Arbeit und Ernährung gegeben werden, die heute noch im intensiven Gemüse- und Obstanbau mit all seinen ökologischen Auswirkungen nachzuvollziehen

ist. Mit den Tulpen ist den Niederländern ein großer Wurf gelungen, den niemand im 16. Jahrhundert voraussehen konnte, als die ersten Zwiebeln angepflanzt wurden.

Die verbleibenden Gewässer waren und sind als Schifffahrtsstraßen nutzbar – alles in allem rund 4400 Kilometer passierbare Flüsse, Kanäle und Seen. Auf den abwechslungsreichen Wasserwegen entdeckt man dann, wie auf kleiner Fläche mit Hebe- und Kanalbrücken die unterschiedlichen Verkehrsströme gelenkt werden. Rundfahrten bieten sich für eine Woche von Loosdrecht nach dem Süden oder in den Norden an. Bei der Nordtour erreicht man die Städte Amsterdam und Utrecht und die Käsestadt Edam. Bei der Südtour besucht man ebenfalls Amsterdam und fährt über Woerden in die Käsestadt Gouda. Aufpassen muss man dabei auf die Mindestdurchfahrtshöhe der Brücken bei den einzelnen Bootstypen: Das Kürzel H24 bei Brücken bedeutet zum Beispiel 2,40 Meter, oder BB H 1.75 W 86 bei Hebebrücken 1,75 Meter Höhe und 8,60 Meter Breite. Zur besseren Orientierung tragen alle Brücken auch in den Karten einen Namen und sind durchnummeriert. Meist verlangt der Brücken- oder Schleusenwärter einen kleinen Obulus, für den man ein dankbares Lächeln erntet, wenn man zudem in den Schleusen den Motor abstellt. Ansonsten kann man sich ganz entspannt dem Wechsel von Ortschaften, Städten und der Natur hingeben und die Lebensart der Niederländer kennen lernen.

Auf der Zaanse Schans, einem ehemaligen Festungsbauwerk, haben sich Künstler und Handwerker in originalgetreu wieder aufgebauten Häusern und Windmühlen niedergelassen, um ihre Kunst in einem lebendigen Freilichtmuseum auszuüben und zu verkaufen.

Nach dem ehemaligen Festungsstädtchen Weesp biegt man westwärts auf den Smal Weesp, überquert mit viel Mut den großen Verbindungskanal Amsterdam-Rijn und biegt in den Trekvaart ein, der direkt nach Amsterdam hinein führt.

De Kromme Mijdrecht durchquert ein herrliches Naturschutzgebiet, auf der Grecht erreicht man weiter südlich Woerden.

Am Ufer der Amstel in Uithoorn hat jedes Haus einen eigenen Bootsanleger.

Der Hollandse IJssel-Merwede-Kanal führt auf 39 Kilometer Länge durch herrliche Landschaften in Hollands kleinster Provinz Utrecht von Gouda über Oudewater nach Utrecht.

Die Altstadt von Utrecht ist durchzogen von Kanälen, zu deren Kais man über Treppen hinabsteigen kann. Geschäfte und Kneipen haben sich in den ehemaligen Warenspeichern der viertgrößten Stadt des Landes angesiedelt.
Zu den schönsten Grachten zählt sicherlich die Oude Gracht, doch auch die Singelgracht, der Merwede-Kanal und die Vecht führen durch die Stadt.

In Weesp sollte man anhalten, um das historische Zentrum zu besichtigen, der gotischen Kathedrale aus dem 15. Jahrhundert einen Besuch abzustatten und im Stadtmuseum das berühmte Weesper Porzellan zu bewundern.

Auf der Hollandse IJssel. Bei einer Fahrt auf dieser Wasserstraße sollte man in Oudewater mit seinem Heksenwaag-Museum unbedingt Halt machen, denn in diesen Ort reisten im Mittelalter die Frauen, um sich auf der Hexenwaage wiegen zu lassen. Bei ausreichendem Gewicht war der Beweis erbracht, dass sie zu schwer für den Ritt auf dem Hexenbesen waren und wurden nicht als Hexe verbrannt!

In den Grachten von Amsterdam

Rechts:
Auf der Oude Schans sieht man den Montelbaanstoren, einen Verteidigungsturm aus dem 16. Jahrhundert, einmal aus einer anderen Perspektive.

Nur wer sich Amsterdam auf dem Wasserwege nähert und über die Amstel in das Herz der Grachtenstadt vordringt, kann ein Gefühl dafür entwickeln, dass diese komplett auf Holzstämmen errichtet wurde. Über fünf Millionen große, gerade gewachsene Tannen wurden in den aufgeweichten Boden gerammt, um den Häusern der Hafenstadt Stabilität zu verleihen. Die Tannen für den Haus- und Schiffsbau stammten dabei vor allem aus dem Schwarzwald und wurden von den kleinen Schwarzwaldbächen über den Rhein bis nach Amsterdam geflößt. Noch heute bezeichnet man große Schwarzwaldtannen als „Holländer". Im wirtschaftlich ‚goldenen' Zeitalter zwischen dem 16. und 18. Jahrhundert wuchs das einstige Fischerdorf zu einem der wichtigsten europäischen Handelszentren heran. In einer Art Halbkreis wurden, ausgehend von der ‚oude Stad' oder der ‚oude Zijde', die Giebelhäuser angeordnet und dazwischen die Grachten als Verbindungswege erhalten, die von fast 1300 Brücken überspannt werden. Doch nicht nur als Verbindung dienten die circa 165 Grachten – sie sorgen mit einem ausgeklügelten Schleusensystem dafür, dass die Millionen von Tannen immer unter Wasser stehen und ständig umspült werden, damit sie nicht verfaulen. Sogar einen zentral gelegenen Hauptbahnhof, die ‚Centraal Station', erbauten die Amsterdamer auf fast 9000 Stämmen. Der Bahnhof bildet nun den Kopf jenes Halbkreises und bietet sich als idealer Ausgangspunkt zur Stadterkundung an. Nach einer ausgedehnten eigenen Bootsfahrt, nimmt man das Fahrrad oder Tram, Metro und Bus zu Hilfe, um sich die Stadt von der Landseite aus anzuschauen. Am einfachsten ist die Fortbewegung mit der ‚I amsterdam Card', die für einen, zwei oder drei Tage gelöst werden kann und vor allem, neben der Nutzung der öffentlichen Verkehrsmittel, eine Grachtenfahrt mit einem Ausflugsboot und den Eintritt in zahlreiche Museen beinhaltet. Die Niederlande sind ein Museumsland und alleine in Amsterdam befinden sich über 40 interessante Museen.

Museenvielfalt

Für den Freizeitkapitän vielleicht die erste Adresse: Das niederländische ‚Scheepvaartsmuseum' unter anderem mit dem Nachbau des Ostindienseglers Amsterdam, der direkt beim ungewöhnlichen Technikmuseum NEMO ankert. Das Tropenmuseum zeigt nicht nur koloniale Gegenstände aus aller Welt, das Bijbels Museum archäologische Funde und Tempelnachbauten, die die Geschichte der Bibel veranschaulichen. Zwei Museen sind der Fotografie gewidmet, das Theatermuseum gibt die Bühne der Schauspielkunst frei und das ‚Filmmuseum' zeigt alles, was auf Zelluloid gebannt wurde. Klassiker sind das Van Gogh Museum und das Stedelijk Museum mit seiner Sammlung moderner Kunst. Die Werke der berühmten Niederländer Rembrandt van Rijn, Frans Hals oder Jan Vermeer finden sich im Rijksmuseum; Rembrandt allein ist das Het Rembrandthuis gewidmet,

Der ideale Zugangsweg nach Amsterdam hinein bietet sich nach der Hef-Brug Omvalder auf der Amstel, obwohl manchmal der Weg durch Brücken verwehrt erscheint – sechs Brücken müssen wie Schleusen durchfahren werden, dann ist man mitten im Zentrum.

Der Blick nach oben ist auf der Amstel immer berechtigt – denn auf die angegebenen Brückenhöhen kann man sich leider nicht unbedingt verlassen. Deshalb sollte man mit der Durchfahrt lieber warten, bis die Brücke angehoben wird.

in dem der Künstler von 1639 bis 1658 wirkte. Geht es im Koffie- en Theemuseum noch um die importierten Genussstoffe, die heute Allgemeingut geworden sind, weist das Hash, Marihuana & Hemp Museum auf die Hochburg der Hippies in den wilden 1968er-Jahren hin. Die Coffeeshops sind sichtbare Überbleibsel jener Zeit, in der Amsterdam als Drogenhochburg galt, aber auch Beispiel dafür, wie mit öffentlicher Duldung und Toleranz gegenüber den ‚weichen' Drogen, zumindest das Problem der Beschaffungskriminalität in den Griff zu bekommen ist. Und wer sich an Amsterdams sündiger Schaufenstermeile noch nicht satt gesehen haben sollte, für den bietet das ‚Sexmuseum Venustempel' weiteres Anschauungsmaterial.

Die Amsterdamer Gastronomie zeigt sich, wie das Straßenbild, multikulturell, doch bei einem „Kopje koffie" vereinen sich zuguterletzt alle Geschmäcker. Als vorbereitende ideale Reiselektüre kann man sich in die Amsterdam-Krimis von Janwillem van de Wetering vertiefen oder über Johann Peter Hebels wunderbarer Kalendergeschichte „Kannitverstan" sinnieren, in der ein deutscher Handwerksbursche in Amsterdam „durch den Irrtum zur Wahrheit und ihrer Erkenntnis" kommt...

Im Oosterdock liegt das futuristisch anmutende Wissenschafts- und Technikmuseum NEMO, das zu interaktivem Tun in den Bereichen Energie und Kommunikation anregt. Von dem Architekten Renzo Piano wie ein großer Schiffsrumpf angelegt, hat man von dessen Dach einen herrlichen Panoramablick.

Moderne Wohnarchitektur an Land kontrastiert mit den Hausbooten, denen in der Prinsengracht ein eigenes Woonboot-Museum gewidmet ist.

Rechts:
Traditioneller Anziehungspunkt der Seeleute war das innerstädtische Rotlichtviertel De Walletjes, das man am besten zu Fuß und bei Tag erkundet! In nächster Nähe liegt die Oude Kerk, Amsterdams älteste Kirche.

Ganz rechts oben:
An jeder Brücke, nicht nur hier an der Prinsengracht, findet man Fahrräder angekettet. Es sollen in Amsterdam jedes Jahr an die 150 000 Räder geklaut werden.

Ganz rechts Mitte:
15 Brücken gibt es an der Prinsengracht. Diese wurde 1754 erbaut und nicht jedes Hausboot passt hindurch.

Ganz rechts unten:
In der Prinsengracht reiht sich ein schönes Haus an das andere. Nicht weit von hier befindet sich in der Nr. 263 in einem Hinterhaus das Anne-Frank-Museum.

Rechts:
Auf der Oude Schans passen die Ausflugsboote durch jede kleine Brücke – bei einer Grachtenrundfahrt hat man Muße, die Sehenswürdigkeiten zu bestaunen.

Rechts Mitte:
Über die Herren-, Keizers- und Prinsengracht führt die Utrechtsestraat zum Frederiksplein, hier die Lucas-Jansz-Sinck-Brug in der Prinsengracht.

Rechts:
Schmal und hoch ragen die Giebelhäuser der Millionenstadt an den Grachten und Kanälen empor und bieten Autos keine Parkplätze – bei einer Fahrt mit dem Boot hat man die drei innerstädtischen Häfen Wolfrat, Sixhaven und Aeolus zur Auswahl.

Bilder rechts und unten:
Viele Niederländer knüpfen an ihre alte Seefahrertradition an und leben auf liebevoll aus- und umgebauten Schiffen mitten in der Stadt Amsterdam. Die Hausboote sind wie eine Visitenkarte und lassen oft schon beim ersten Blick Vorurteile über die Besitzer zu.

Bilder oben und links:
Sind die Hausboote einmal festgemacht, ändern sie ihren Liegeplatz nur höchst selten – für Einkäufe und Ausfahrten hat man ein kleines wendiges Beiboot. Oft liegen sie in Zweier- und Dreierreihen auf der Amstel nebeneinander.

Links:
Individualität ist alles – ein toller Schlitten auf dem Dach des Hausbootes sorgt für Wiedererkennungswert!

In Vreeland schippert man auf der Vecht durch die Van Leer-Brug und sollte beim nächsten Bauernhof am Ufer frischen, selbstgemachten Ziegenkäse kaufen!

Das Freilichtmuseum Zaanse Schans besteht seit den 1960er-Jahren mit historischen Häusern und Windmühlen und liegt gegenüber von Zaanstad. Es bietet vom traditionellen Holzschuh bis zur leckeren Schokolade alles, was Besucher mit den Niederlanden verbinden.

Die Leo-Oor-Brug bei Loosdrecht gibt den Weg auf der Vecht frei.

Ganz links:
Auf dem Merwede-Kanal bei Nieuwegein reckt sich die Blauwe-Brug in die Höhe.

Links:
In Maarssen überquert der Landverkehr die Vecht über die Evert-Stok-Brug.

Ganz links:
Brücken kann man drehen, hochklappen oder im Ganzen hochziehen, so wie hier auf der Gouwe die Hef-Brug in Boskoop.

Links:
Zwischen Hollandse IJssel und Merwede-Kanal liegt das kurze Wasserstück Doorslag – die Gein-Brug muss beim Passieren hochgezogen werden.

Sonnenuntergang in Loosdrecht. Anlegeplätze, besonders in größeren Städten, sind nicht sehr häufig. Bei einem geplanten Halt in Amsterdam empfiehlt sich früh am Tag eine Ankunft in einem zentralen Stadthafen.

Diese Brücke über die Vecht in Weesp öffnet sich in der Mitte. Die Stadt lockt mit einem attraktiven Zentrum.

Der Marktplatz in Gouda wird dominiert vom schönen Stadhuis aus dem Jahre 1450.

Im Hafen von Weesp – am nächsten Tag lockt das nahe gelegene schmucke Muiden mit seinem im 13. Jahrhundert erbauten Schloss Muiderslot, das von einem Kräutergarten umgeben ist.

Morgenstimmung auf der Vecht bei Loenen, von dem man sagt, es sei mit seinen typischen Häusern und zahlreichen Gärten das schönste Dorf an der Vecht.

Das Seengebiet „Loosdrechtse Plassen“ mit seinen kleinen Inseln, die herrliche Anlegemöglichkeiten bieten, ist über die Drecht und die Mijendense-Sluis mit der Vecht verbunden. Hier herrscht im Sommer immer geschäftiges Treiben, sodass ein Schleusen am frühen Morgen angezeigt ist.

Viele Niederländer haben in „Woonboten“ ihr Zuhause eingerichtet. Besonders im romantischen Flussabschnitt der Vecht von Nigtevecht bis Weesp sieht man zahlreiche dieser schwimmenden Eigenheime.

Da man auf der Gouwe, dem Aar-Kanal und der Amstel direkt nach Amsterdam kommt, ist dieser Schifffahrtsweg sehr befahren, durch lange gerade Strecken, aber auch sehr übersichtlich!

Frankreich – das Land der unbegrenzten Kanäle

Erste Siedlungen der gallischen und anderer Stämme sowie der Römer bildeten die Grundlagen zu den heute bekannten französischen Städten Lyon, Paris, Angers und Toulouse. Da diese bei steigender Bevölkerungszahl mit Lebensmitteln und Gütern aller Art versorgt werden mussten, boten sich die Wasserläufe als Verkehrswege an. Die schiffbaren Flüsse in Frankreich forderten unterschiedliche Bootstypen, die auf die jeweiligen lokalen Gegebenheiten ausgelegt waren. Die Wirtschaftsform des Merkantilismus brachte nun zwangsläufig einen Aufschwung des französischen Transportwesens mit sich. Zum einen wurde die maritime Seefahrt, die bisher eher ein Luxusprodukt war, eingesetzt, um Kolonien zu ‚erwerben' und von dort Rohstoffe zu beschaffen. Die französischen Kaufleute mit ihren Handelsflotten wurden in den Kolonien an der westafrikanischen Küste, in Indien und Nordamerika fündig. Die zum Teil schon von den Griechen gegründeten Seehäfen, wie Marseille, erlebten eine neue Zeit der Blüte. Die Rohstoffe mussten nun in die Manufakturen im Innern Frankreichs transportiert werden, was auf den Flüssen nur bedingt möglich war. In einem ersten Schritt wurden deshalb Verbindungskanäle zwischen den Flüssen, später ein eigenständiges Kanalsystem mit Schleusen geschaffen – sie garantierten das gesamte Jahr über die Schifffahrt.

Heutzutage kann man sich quer durch ganz Frankreich auf zahlreichen Kanälen und Wasserstraßen, vom tiefen Süden bis zum hohen Norden Hausbootreviere unterschiedlichen Typs aussuchen. In Frankreichs sonnigem Süden, in der Camargue, säumen Flamingos in ihrem rosa Gewand, die typischen weißen Pferde und schwarzen Stiere den Canal du Rhône à Sète. Das Étang de Thau mit seinen Austernzuchten muss als Binnensee überquert werden, um bei Agde mit seiner runden Schleuse in den berühmten Canal du Midi zu gelangen, der Teilstück der Verbindung zwischen dem Mittelmeer und dem Atlantik ist. Als erster Kanal mit dem Prädikat ‚Weltkulturerbe' ausgezeichnet, macht er dieser besonderen Stellung alle Ehre. Eine Reise auf der fast schleusenfreien Charente oder dem

In Aigues-Mortes ist abends der „Tour de Constance“ und die gesamte Stadtmauer angestrahlt, was man besonders vom Deck seines Hausbootes ausgiebig genießen kann.

Seitenkanal der Garonne, auf dem Lot, dem Kanal von Montech und der urtümlichen Baïse ist eine Reise auf 300 Kilometern in eines der wichtigsten kulinarischen Zentren Frankreichs. Langsam durchziehen die Flüsse und Kanäle die Landschaft der Aquitaine und des Poitou. Das Schlaraffenland im Herzen Frankreichs findet sich im Burgund und Nivernais.

Die Nase der Bretagne reicht weit ins Meer hinaus und in die Nähe Englands. Um vor der rauen See und vor allem den englischen Übergriffen sicher zu sein, nutzte man die Rance, Ille und Vilaine und erbaute 1832 den Canal d'Ille-et-Rance, der den Ämelkanal und den Atlantik auf direktem Wege verbindet. Die Somme und die Picardie sind Frankreichs schwimmende Gärten im Nordwesten des Landes. Der Rhein-Marne-Kanal, bis 1979 mit 313 Kilometern der längste Kanal Frankreichs, verbindet den Atlantik im Westen mit den wirtschaftlichen Zentren im Osten.

Der nicht ganz freiwillige Rückzug der lasttragenden Pénichen (Binnenschiffe) hat in den 1970er-Jahren eine neue Form von Pénichen erscheinen lassen, die die Kanäle zu neuem Leben erweckten und damit die Erhaltung eines einzigartigen Kulturzeugnisses garantieren. Viele Kanäle in Frankreich wurden von der Voies navigables de France (VNF) instand gesetzt und dem touristischen Verkehr geöffnet. Zahlreiche Kanäle aber harren noch im Dornröschenschlaf ihrer Wiedererweckung, die mit hohen Investitionskosten, vor allem in die Schleusentechnik, verbunden ist.

Aigues-Mortes ist ganz von einer Mauer umschlossen, die zum Teil begehbar ist. Die hohen Mauern sollten die einst direkt am Meer gelegene Stadt beschützen – heute aber trennen an die sieben Kilometer Sand die Stadt vom Mittelmeer.

Von der Kathedrale Saint-Nazaire in Béziers, die ab 1215 aufgebaut wurde, bietet sich ein schöner Blick hinunter auf die Orb mit einem Stauwehr.

Le Somail hat sicherlich die meistfotografierte Brücke am Canal du Midi. Durch die niedere Brücke mussten auch die Postschiffe, die schon ab 1673 von Pferden gezogen, den Linienverkehr von Toulouse nach Béziers aufnahmen.

In Argens-Minervois gibt es ein Katharerschloss aus dem 16. Jahrhundert und den modernen Freizeithafen „Port Occitanie“. An die okzitanische Tradition und Sprache erinnern viele Sänger und Literaten.

Der Canal du Centre führt seit 1790 von Digoin nach Chalon-sur-Saône und ist 112 Kilometer lang. Zuerst sollte er – nach der französischen Rinderrasse – Canal du Charolais heißen und die fleischigen Vertreter des Namens säumen auch heute noch die grünen Weiden. Bei Paray-le-Monial gibt es einen schönen Anlegeplatz; der Ort ist zu einer Pilgerstätte geworden, seitdem dort die junge Marguerite Alacoque vor fast vier Jahrhunderten eine Erscheinung hatte.

Émil Gauthey plante den Kanal, der das Zentrum Frankreichs, die Loire und die Saône verbinden sollte. Durch Umbaumaßnahmen Ende des 19. Jahrhunderts wurden dem Kanal einige recht enge Kurven eingefügt, die mit Aufmerksamkeit passiert werden sollten.

Der Canal du Nivernais existiert seit 1841 und führt von Auxerre bis zur Loire bei Decize. Auf 174 Kilometern säumen kleine Ortschaften den Weg, den auch zahlreiche Passagierschiffe einschlagen. Bei Châtillon-en-Bazois kann man vor herrschaftlicher Kulisse anlanden.

Linke Seite:
In Paris empfängt der innerstädtische Hafen „Port de Plaisance Paris – Arsenal“ bei der Place de la Bastille seine Besucher im abendlichen Lichtermeer. Die Stadtfestung existierte seit dem 14. Jahrhundert, wurde später zum Staatsgefängnis und am 14. Juli 1798 von den revoltierenden Massen erstürmt und damit zum Symbol der Französischen Revolution. Nach dem Abriss des Gebäudes wurde 1841 die 52 Meter hohe Colonne de Juillet errichtet, die von einer vergoldeten Freiheitsstatue gekrönt wird. Jede Demonstration in Paris beginnt traditionellerweise an der Place de la Bastille.

Um die Île de la Cité mit der Kathedrale Notre Dame ist der Verkehr auf der Seine mit einer Ampelanlage auf den beiden Flussarmen, Bras de la Monnaie (links) und dem Bras de la Cité (rechts), geregelt.

Einen stimmungsvollen Blick erlebt man in den frühen Abendstunden, wenn sich das quirlige Paris von seiner bezaubernden Seite präsentiert.

Filmreifes Paris: Über die Pont Neuf mit Amélie zum Hotel du Nord

Rechts:
Wie auch die anderen Kanäle von Paris wurde der Canal Saint-Martin auf Anordnung Napoleons zwischen 1806 und 1825 erbaut. Er ist 4,5 Kilometer lang und führt vom Hafen Arsenal zum Bassin de la Villette. Mit seinen eleganten gusseisernen Fußgängerbrücken verströmt er viel Pariser Charme.

Paris liegt an der Seine und im weiträumigen Pariser Becken. Zahlreiche andere Flüsse, wie die Aisne, Oise, Marne, Aube und Yonne fließen in das Becken ein und verbinden sich zur Seine, die im Oberlauf „Petite-Seine" und noch vor der Stadt Paris „Haute-Seine" heißt. In großen Schleifen durchquert diese das Becken, bis sie nach gut 800 Kilometern bei Le Havre mündet. Die Seine selbst ist eher das ‚Hausbootrevier' reicher Anleger, die große Lastschiffe zu ‚Lustschiffen' umbauen ließen und an den Quais der Hauptstadt ihren zeitweiligen Wohnsitz nehmen. Bei monatlichen Anlegegebühren von mindestens 800 Euro hält sich der Interessentenkreis aber in überschaubarem Rahmen. Besucher aller Länder fahren mit den bekannten Vergnügungs- und Ausflugsbooten, den Bateaux-mouches, die zwischen Pont des Invalides und Pont de l'Alma ihren Ausgangspunkt haben. Es gibt auch sechs „Batobus" genannte Busboote, die bis um 21.00 Uhr einen regelmäßigen Schiffsverkehr aufrecht erhalten.

Mit dem Hausboot in Paris zu fahren, ist schon ein außergewöhnlicher Luxus. Mit dem Bau der Kathedrale von Notre Dame wurde 1163 begonnen.

Die Seine umspült das Herz von Paris: die Île de la Cité, die als Lutetia die gallische Keimzelle der Stadt war. Die nicht nur wegen des Films „Die Liebenden von Pont Neuf" berühmte, zweiarmige Brücke verbindet die beiden Seineufer über die Île de la Cité. Der Verkehr wird aufgrund des hohen Bootsaufkommens zwischen der Pont de Sully und der Pont au Change per Signalanlage im Einbahnverkehr geregelt. Eine Paris-Durchfahrt auf einem Hausboot unter den zahlreichen Brücken und an sehenswerten Bauwerken vorbei ist immer wieder ein unvergleichliches Erlebnis. Sie ist jedoch aufgrund des hohen Verkehrsaufkommens auch eine Sache der Konzentration und des Geldbeutels – ein Halt am Eiffelturm kostet zwischen Mai und September je nach Bootslänge zwischen 18 und 60 Euro.

Wer es ruhiger mag, für den gilt es, bei der Pont d'Austerlitz die Augen offen zu halten, denn flussabwärts

Auf der Seine darf man keine Angst vor großen Schleppern und Lastkähnen haben, denn diese versorgen die Hauptstadt auch heute noch vom Atlantikhafen Le Havre herkommend mit vielen Gütern.

rechts liegt ein kleiner Wartelandungssteg, von dem aus mit dem Hafenmeister des Port de Plaisance Paris-Arsenal telefoniert werden kann. Kurz darauf gibt die Ampel den Weg frei in die Schleuse Nr. 9, Morland, unter einer Auto- und einer Métrobrücke hindurch. Jeder Zentimeter des Hochschleusens von der Seine in das Hafenbecken entrückt die gesamte Bootscrew der Hektik auf der Seine. Freundliche Hafenmeister der modernen Capitainerie, wie Bruno, Rémi, Olivier und Sacha, weisen einen Platz zu, zeigen die vorbildlichen Anlagen und erklären den Weg zum nächsten Bäcker oder Laden, sowie die Markttage und -zeiten. Und das zu einem Übernachtungspreis, der bei diesem Komfort in Paris unglaublich günstig erscheint! Mit der Hafeneinfahrt verlässt man auch das ‚Hoheitsgebiet' der Voies navigables de France (VNF), denn das Pariser Kanalsystem gehört der Stadt Paris. Der Hafen ist ganzjährig geöffnet. Seinen Namen „Arsenal" hat er von der einstigen Pulver- und Kanonenfabrik, die in eine Bibliothek umgebaut wurde. Er liegt zentral in einer 9000 Quadratmeter großen Gartenanlage mit direktem Métroanschluss der Linie 1, 5 und 8 (Bastille) und der Linie 7 (Sully – Morland), und eröffnet viele Möglichkeiten, die Stadt zu erkunden. Gleich am Boulevard de la Bastille gibt es zudem eine Fahrradvermietung.

1885 wurde die Hubbrücke „Pont Levant de la Crimée" errichtet, die den Übergang des Canal de l'Ourcq in das Bassin de Villette markiert.

Der Canal Saint-Martin kommt zwischen seinen neuen Schleusen nach einer Biegung in ein breiteres, ausgemauertes Becken, das eigentlich ein verstecktes Aquädukt ist, das auf 600 acht bis zehn Meter hohen Pfeilern liegt.

In das Becken des ehemaligen Dörfchens Villette, das 1860 von Paris einverleibt wurde, mündet das Wasser des kanalisierten Flusses Ourcq. Das Viertel erlebte 1986 mit der Ansiedlung „Cité des sciences et de l'industrie" einen gewaltigen Aufschwung. In der Kugel La Géode mit ihren 36 Metern Durchmessern ist ein Kino untergebracht.

In der Capitainerie des Hafens Arsenal hat man über Bildschirme den Hafenzugang von der Seine her und auch die Schleusensteuerung auf dem Canal Saint-Martin im Blick.

Nähert man sich von Osten der Stadt Paris kommt man über die Haute-Seine. Sie beginnt in Montereau, wo die Yonne in die Petite-Seine mündet.

Auf der Marne findet man nicht nur gewaltige Schleusenkammern, wie hier bei der „Écluse de Saint-Maur“ auf dem Kanalteilstück zum Saint-Maur-Tunnel, sondern kann auch bei den Pariser Ausflugslokalen und Vorstadtschenken anlegen, den berühmten „guinguettes“.

Über die Brücke an der Schleuse 9 läuft der Autoverkehr des Boulevards Morland und rattert die Métro über ihr Viadukt – hier ist der Ausgang des Canal Saint-Martin zurück in die Seine oder der Eingang von der Seine in das schützende Hafenbecken, das 230 Schiffe aufnehmen kann.

Innerstädtische Kanäle

Doch gilt das Hauptinteresse natürlich den innerstädtischen Kanälen, die eine Gesamtlänge von 130 Kilometern haben. Ihre Durchfahrt kostet ein geringes Entgelt, das jeweils an der ersten Schleuse zu begleichen ist! Der 108 Kilometer lange Canal de l'Ourcq diente natürlich zum Warentransport, um die Versorgung der ständig wachsenden Stadt zu stillen. Er hat über das Bassin de La Villette auch Verbindung zu den beiden Kanälen Saint-Denis und Saint-Martin, die zur Seine hinabfließen.

Der 6,6 Kilometer lange Canal Saint-Denis ist nicht ganz so spektakulär, sieht man von der ersten Schleuse ab, die zehn Meter tief hinunter geht. Der 4,5 Kilometer lange Canal Saint-Martin verlief bei seiner Fertigstellung 1825, die nur vier Jahre dauerte, oberirdisch und endete im

Auf seinen 4,5 Kilometern Länge verläuft der Canal Saint-Martin auf knapp 2,1 Kilometer unter den pulsierenden Straßen von Paris. Die „voûtes“ sind im Einbahnsystem zu befahren und werden mit einer Signalanlage geregelt.

Am Canal Saint-Martin passiert man die zwei Drehbrücken „Grange aux Belles“ und „Dieu“ und wird dabei per Anzeige gebeten, sich zu gedulden, bis die Straßenbrücken den Wasserweg ganz freigeben.

Graben der Bastille. Die damaligen Bauarbeiten sind in Dokumenten und Wandgemälden der Métrostation Bastille anschaulich präsentiert. Bei der revolutionären Umgestaltung der Hauptstadt und der Anlage von großen Boulevards durch Georges-Eugène Haussmann ab 1850 war der Canal Saint-Martin im Weg. 40 Jahre benötigte man, um den Kanal auf etwas mehr als zwei Kilometer Länge und damit zur Hälfte unter die Erde zu legen, die Bauarbeiten mit den Betontunneln im letzten Abschnitt dauerten bis 1907. Vom Hafen Arsenal aus, wird der Einbahnverkehr auf dem Kanal geregelt und unter dem Place de la Bastille fährt man in das grünliche Licht der gewölbten Tunnels ein, die nur von ehemaligen Belüftungsschächten und von Laternen beleuchtet werden. Das fast lautlose Gleiten des Bootes bildet einen beeindruckenden Kontrast zu den lärmenden Boulevards Richard Lenoir, an dem sich die Wohnung des legendären Kommissars Maigret befindet, und Jules Ferry, die beide direkt über dem Kanal verlaufen. Jeder Franzose kennt das Hôtel du Nord, das durch den gleichnamigen Film (1938) von Marcel Carné mit Arlettys Worten „atmosphère, atmosphère“ und Louis Jouvet berühmt wurde. Die erste Fußgängerbrücke erinnert sofort an Jean-Pierre Jeunets Film „Die fabelhafte Welt der Amélie“ von 2001 und bringt dabei Akkordeonklänge von Yann Tiersen vor das innere Ohr. Beschwingt von diesem Gefühl des Pariser Charmes nähert man sich der ersten Drehbrücke „Grange aux Belles“. Schöne und leichte Mädchen empfingen hier in einer Scheune einst ihre Freier. Um das Bassin de la Villette wurde auf einem Gelände von 35 Hektar ab den frühen 1970er-Jahren der „Parc de la Villette“ eingerichtet und mit der „Cité des Sciences“ der Schritt ins 3. Jahrtausend gemacht.

IRANC
Le pain c'est la santé

Links und ganz links:
Direkt neben dem Hafen Arsenal finden sich alle Möglichkeiten, frische Lebensmittel zu besorgen. Oder man kann sich in den nahen Bistros mit den Neuigkeiten zum Wetter und einem stärkenden Kaffee versorgen.

Am schönsten kauft man in Paris auf den Märkten in den Stadtteilen ein – nahe beim Hafen Arsenal liegt die Markthalle des Marché couvert „Beau-Saint-Antoine“, der jeden Tag außer Montag geöffnet hat – auf dem Place d’Aligre findet ebenfalls morgens ein Markt statt. Donnerstags und samstags gibt es dann entlang der Avenue Ledru-Rollin, die über dem Canal Saint-Martin verläuft, einen Markt mit Lebensmitteln, Kleidern und ausgefallenen Antiquitäten. Nach einem ausgedehnten Einkauf von Salat, Gemüse und frischem Fisch kommt die Bordküche zu ihrem Einsatz!

Seite 112/113:
In den Felsen, die um Saint-Cirq-Lapopie oberhalb des nur teilweise schiffbaren Lot liegen, befindet sich auch die Höhle von Pech Merle bei Cabrerets, in der sich Darstellungen von Mammuts und Bisons finden, die Menschen vor etwa 25 000 Jahren dort anbrachten.

Die Abtei von Solesmes an der Sarthe ist ein mächtiges Zeugnis der reichen kulturellen Vergangenheit der Region Maine. Die Sarthe ist auf 132 Kilometer Länge schiffbar und mündet bei Angers in die Mayenne.

Von der Brücke in Solesmes fährt ein Hausboot flussaufwärts in Richtung Juigné-sur-Sarthe zur nächsten Schleuse. Bis Le Mans gibt es auf 130 Flusskilometern davon nur 16.

In Parcé-sur-Sarthe gibt es am Ende des Schleusenkanals und vor der alten Flussmühle einen wunderschönen Anlegeplatz im Schatten von mächtigen Trauerweiden.

Oft wurden Schleusen an Stellen erbaut, an denen man das für Mühlen mit einem Wehr aufgestaute Wasser auf einem Schleusenkanal umgehen musste. Auch an der Schleuse „Neuville“ an der Mayenne befindet sich noch ein Wehr mit den Mühlenanlagen.

Auf dem Saar-Kohle-Kanal, hier die Schleuse Nr. 17, sieht man heute keinen einzigen Lastkahn mit Kohle mehr – der Kanal wurde komplett von Freizeitbooten in Beschlag genommen. In Sarreguemines bildet das Fayence-Museum einen farbenprächtigen Kontrast zu den ursprünglich bestimmenden Kohlezechen.

Auf der Meuse wechseln enge Kanalabschnitte mit breit ausladenden Flusslandschaften wie hier bei Givet ab. Sedun und Verdun, bekannte Kriegsschauplätze des deutsch-französischen Kriegs von 1870/71 und des Ersten Weltkriegs, mahnen zur Besinnung und rufen zu Frieden und Völkerverständigung auf.

In Lutzelbourg am Rhein-Marne-Kanal gibt es einen Basishafen für Hausboote. Hier geht es zum einen in Richtung der Jugendstilstadt Nancy oder in Richtung Elsass nach Strassburg.

Auf Treidelpfaden wurden die Boote von Menschen- oder Tierkraft, später von Traktoren und Lokomotiven gezogen. Falls es einen Treidelpfad entlang der Kanäle gibt, sollte man unbedingt ein Fahrrad an Bord haben, um den Flusslauf auch auf zwei Rädern zu entdecken, um nötige Einkäufe in den Ortschaften zu erledigen oder eine Besichtigungstour zu nahen Sehenswürdigkeiten zu unternehmen.

Seite 118/119:
Welch ein Empfang! Campanile und Dogenpalast grüßen den Ankommenden. Venedig war jahrhundertelang eine bedeutende Handelsstadt. Seinen besonderen Reiz verdankt die Stadt den vielen Wasserstraßen. Sie zwingen Bewohner und Besucher zu einem anderen Tempo und Rhythmus – und noch etwas fällt auf – auch heute noch ist es eine Stadt fast ohne Verkehrslärm!

PELLESTRINA
PELLESTRINA
215
CARABINI

FAST GONDOLIERI – DURCH VENEDIGS LAGUNENLANDSCHAFT

Rechts:
Burano – hier erwarten den Besucher keine stolzen Paläste, dafür der schiefste Kirchturm von ganz Venetien. Die Insel prunkt mit ihren farbenfrohen Fassaden.

Was für ein Abenteuer, sich der Stadt der Kanäle auf dem Wasser zu nähern: die melancholische Stimmung, die Gondeln und der Geruch von Salzwasser, der vom offenen Meer heranweht... Die weiten Lagunen Venedigs lassen sich hervorragend mit dem Hausboot erkunden. Gestartet wird in Chioggia, einst Zentrum der venezianischen Salzproduktion. Die quirlige Hafenstadt ist nur durch Brücken mit dem Festland verbunden, durchzogen von kleinen Kanälen und malerischen Gassen mit reizvollen Patrizierhäusern. Nach dem Niedergang der Salinen entstand hier ein bedeutender Fischereihafen und heute noch kann man sich auf dem Fischmarkt im Palazzo Granaio, einem gotischen Gebäude aus dem 14. Jahrhundert, mit frischem Fisch versorgen und über den angrenzenden farbenprächtigen Markt bummeln.

Von Chioggia aus erreicht man mit dem Hausboot die traditionellen Fischerdörfer der Insel Pellestrina, Portosecco und San Pietro in Volta mit seiner Kirche San Stefano aus dem 17. Jahrhundert, Alberoni mit einem Pinienhain, Pappeln, Platanen und dem Golfplatz sowie den Lido. Der Lido schützte damals wie heute Venedig vor dem Meer, bekannt ist er für seinen mondänen Strand mit Luxushotels, hier wird alljährlich im September das Internationale Filmfestival abgehalten. Nach der Mündung des Malamocco ist es bis Venedig nicht mehr weit. Von Chioggia aus fährt man zirka drei Stunden bis Venedig und erlebt den grandiosen Blick auf die ‚Piazzetta' und ein Stück der Piazza San Marco, von der der berühmte 99 Meter hohe Glockenturm, der Campanile, die Seefahrer grüßt. Die Wellen und der Verkehr der Wassertaxis sorgen für ein venezianisches Abenteuer. Die Anlegestelle für Hausbootfahrer befindet sich auf der Insel San Giorgio Maggiore. Alle Stadtviertel sind von dort aus mit dem Vaporetto zu erreichen. Die Serenissima wartet darauf, entdeckt zu werden, vor allem wenn die Trampelpfade der Reisegruppen verlassen werden. Aber ohne den berühmten Markusplatz, die Rialto- und die Seufzerbrücke, den Campanile und den Dogenpalast wäre ein Aufenthalt in Venedig nicht Venedig. Auch in Kenntnis der Kosten – ein Halt im berühmten Caffè Florian, das sich seit 1720 auf dem Markusplatz befindet, gehört dazu, denn hier nahmen bereits Johann Wolfgang von Goethe, Honoré de Balzac, Marcel Proust, Thomas Mann, Ernest Hemingway und Mark Twain ihren Kaffee ein. Unzählige Palazzi,

Murano, die berühmte Glasinsel, erinnert mit ihrem Hauptkanal, von dem viele Seitenkanäle abzweigen, an das Stadtzentrum von Venedig.

Kirchen und Museen mit Meisterwerken der Kunst warten darauf, besichtigt zu werden. Und ist nicht die Stadt selbst und insgesamt das größte Kunstwerk?

Lagunenschönheiten

Weiter geht es zu den Inseln von Murano, bekannt für seine Glasbläserkunst, Burano und Torcello. Die Inseln sind mit dem Hausboot in jeweils 30 bis 50 Minuten zu erreichen. Torcello ist die eigentliche Vorgängerin Venedigs und begeisterte bereits Hemingway mit ihrer Teufelsbrücke, der Basilika Santa Maria Assunta mit Fresken und wundervollen Mosaiken und der Kirche Santa Fosca aus dem 11. Jahrhundert. Gegenüber von Torcello liegt Burano, eine traditionelle Fischerinsel, auf der aber bereits seit Jahrhunderten auch zarte Spitzen hergestellt werden.

Eine weitere Etappe führt von Burano nach Jesolo und weiter nach Caposile, einem idyllischen Dorf am Piave, in dem es gute Liegeplätze gibt. In nur einer Stunde gondelt man weiter nach Portegrandi. Auf dem Sile fährt man weiter vorbei an malerischen Ufern mit Weiden, Obst- und Weingärten bis nach Treviso mit seiner imposanten Stadtbefestigung, dem Dom mit der romanischen Krypta, herausragenden Fresken und Gemälden von Tizian.

Harmonisch schmiegen sich die grandiosen Bauwerke von San Giorgio Maggiore aneinander. Von der Plattform des Campanile hat man einen wunderbaren Blick auf Venedig und die Lagune.

Die Anlegestelle für Hausboote ist der Hafen auf San Giorgio Maggiore. Dort kreuzen auch Schiffe mit ganz anderen Dimensionen.

Aus Furcht vor Bränden wurde Venedigs Glasproduktion im 13. Jahrhundert auf die nördliche Laguneninsel Murano verlagert. Die Kirche Santi Maria e Donato auf Murano gehört zu den ältesten Gotteshäusern der Lagune. Sie entstand zwischen dem 7. und dem 12. Jahrhundert.

Im Hafen auf San Giorgio Maggiore liegt man gegenüber des Markusplatzes, was sich in stolzen Aufenthaltskosten niederschlägt. Ein Hafenmeister begrüßt die einfahrenden Hausboote und weist den jeweiligen Liegeplatz zu. Die Einfahrt in Venedigs Canal Grande ist Hausbooten grundsätzlich nicht gestattet.

Der 78 Kilometer lange Brenta-Kanal verläuft im Flussbett der Brenta weitgehend durch das grüne Hinterland.

Nach dem Besuch Venedigs kann man das ruhige Dahingleiten auf dem Brenta-Kanal mit seinen prachtvollen Ausblicken genießen.

Ganz links:
Der Brenta-Kanal ist gesäumt von hübschen kleinen Orten und von vielen feudalen Landhäusern.

Links:
Das Anlegen an der Insel Murano stellt an Tagen mit lebhaftem Seegang eine Herausforderung für die Crew dar!

Links:
Die Isola Vignole, einst der Weingarten des Dogen, ist von alters her Ausflugsziel der Venezianer. In der grünen Idylle wird hauptsächlich das Gemüse für die Märkte von Venedig angebaut.

Ganz links:
Keine Angst vor dem Schiffsverkehr bei der Fahrt durch die Lagunen. Die „Bricole“ (Dalben) markieren den Weg und der Blick ins Bordbuch hilft weiter.

Links:
Gezeitenkarten helfen gegen unangenehme Überraschungen beim Durchfahren einer Brücke und bei Untiefen in den Kanalrinnen.

Nützliche Tipps für das Hausbootfahren

Europas Hausbootreviere sind so vielgestaltig, dass jeder Hausbootfreund immer wieder etwas Neues entdecken kann.

Grundsätzlich sollte vor dem ersten Mal Hausbootfahren geklärt werden, ob man ein eher ruhigeres Fahrwasser bevorzugt – geeignet sind dazu alle Kanäle, die keinen oder wenig regulären Frachtverkehr haben, wie in Frankreich der Canal de Bourgogne oder die Saône, polnische Seen und irische Flüsse. Abwechslungsreiche Unterbrechungen sind dabei die zum Teil häufigen Schleusen. Beim ersten Mal suche man sich am besten ein Gewässer aus, auf dem man flussabwärts fährt und damit auch schleust. Das bietet den Vorteil, dass man auf identischem Wasserniveau leichter in die Schleuse einfahren kann und in der Schleuse bequemer aus dem Boot steigen kann.

Eine Reise in Mecklenburg-Vorpommern oder auf den masurischen Seen in Polen bietet sich an, wenn man längere Strecken ohne die Einschränkungen eines vorgegebenen Kanals oder Flussabschnittes auf weiteren Gewässern fahren möchte. Dort kreuzen allerdings oft schnelle Sportboote, mächtige Ausflugsschiffe, Fischerboote, Wasserskifahrer, Kanus und Ruderboote die eingeschlagene Route, was erhöhte Aufmerksamkeit erfordert.

Die Lagune von Venedig ist nur etwas für geübte Kapitäne. Auch bei schönstem Wetter hat man hier, wie auch auf dem Étang de Thau in Südfrankreich oder dem Shannon und den beiden Erne-Seen in Irland, auf die Wetterverhältnisse mit starken Winden ab drei Beaufort zu achten – hohe Wellen von mehr als 50 Zentimeter zwingen nicht nur ein Hausboot an die nächste Anlegestelle.

Rechts:
Keine Bedenken – die Boote passen immer durch die Schleusen, wenn es auch, wie hier in Plau, recht eng aussieht.

Ganz rechts:
Hinweisschilder haben überall, wie hier auf der Masurischen Seenplatte ihre Berechtigung. Die Zeichen wie auch die Markierung der Tonnen sollte man sich bei der Reisevorbereitung zu Gemüte führen.

Beim Hausbootfahren sollte man die Jahreszeit beachten. Es gilt die Faustregel, je südlicher, desto früher, denn nicht nur klimatisch ist es im Sommer auf dem überfüllten „Canal du Midi" anstrengend. Andererseits wird der Wein entlang des „Canal de Bourgogne" erst im Herbst geerntet ... Generell dauert die Mietsaison von März bis Ende Oktober/Anfang November. Mit einem Hausboot darf man nur bei Tageslicht fahren. Manche Schleusen haben wechselnde Öffnungszeiten – auf alle Fälle empfiehlt es sich, seinen Routenplan an den Schleusenöffnungszeiten zu orientieren und dabei, neben den Sonntagen, auf die nationalen Feier- und Gedenktage zu achten.

Das Passieren der Schleusen ist in der Regel kostenfrei, außer in Holland. Bei Polens einziger Schleuse und bei den noch von Schleusenwärtern betriebenen Schleusen freut man sich immer über ein Trinkgeld und ein paar Sätze über das Wetter – da ist man sich in Europa wenigstens einmal einig. Wertvolle, hilfreiche Handreichungen und praktische Tipps der Schleusenwärter sind im Gegenzug zu erhalten.

Beim Zeitplan sind bei Schleusen mindestens 15 bis 20 Minuten zu berechnen und dies ohne Wartezeiten; Tunnels und andere Meisterwerke der Kanalbaukunst bringen oft Einwegverkehr und damit Wartezeiten mit sich, die auf einem Boot aber nie langweilig werden. Ein gewisses Maß an Planung ist erforderlich, sollte jedoch spontane Halts nicht verhindern.

Bei der Routenplanung ist es auch wichtig, ob man eine Einwegstrecke fährt oder eine Hin- und Rückfahrt machen möchte. Bei der Einwegstrecke ist eventuell der (kostenpflichtige) Transport zum Abfahrtshafen einzukalkulieren. Die Bootsverleihfirmen geben detaillierte Angaben zur Anreise mit Flugzeug, Bahn und Auto und den dazugehörigen Transferangeboten. Und noch ein Tipp: Frühbuchernachlässe helfen gutes Geld sparen.

Alles klar, dann kann es ja losgehen!

Seite 127:
Die Mischung macht's: quirliges Leben in den Hafenstädtchen und beschauliches Natur-Erleben wie hier auf der mecklenburgischen Seenplatte.

Ganz links:
Nicht nur zwischen Fürstenberg und Mirow ist Aufmerksamkeit angesagt, besonders auf zu überquerenden Seen sollte man die Fahrwassereinfahrt in einen Kanal frühzeitig entdecken können.

Links:
Auf dem Dargeinen-See kann sich das Wetter schnell ändern, dann heißt es Karte zur Hand und gleich einen geschützten Platz am Ufer suchen!

RECHLIN
KATINKA

Hausbootidylle bei dem Inselort Werder an der Unteren Havel. Die Region gilt als das Zentrum des havelländischen Obstanbaus mit Äpfel, Birnen und Kirschen, die man direkt bei den Erzeugern einkaufen kann.

Impressum

Buchgestaltung:
www.hoyerdesign.de

Fotografen
Martin Schulte-Kellinghaus und **Erich Spiegelhalter** arbeiten als freie Fotografen in und bei Freiburg. Als Team produzieren sie Diashows zu verschiedenen Reisethemen. Beide haben bereits zahlreiche Bildbände und Reportagen in Zeitschriften und Magazinen veröffentlicht.
www.schulte-kellinghaus.de
www.erich-spiegelhalter.de

Autoren
Beate Kierey und **Hubert Matt-Willmatt** leben in Freiburg und sind als selbstständige Journalisten im Pressebüro mwk tätig. Sie schreiben für verschiedene Medien zu Reisethemen, zur Geschichte und Literatur ihrer Region sowie zu Kultur und Genussthemen.
www.pressebuero-mwk.de

Bildnachweis:
Alle Fotos von Martin Schulte-Kellinghaus und Erich Spiegelhalter mit Ausnahme von:
Brigitte Merz: S. 10 oben, S. 10 unten, S. 12 rechts, S. 14, S. 15 oben, S. 16, S. 17 oben, S. 20 rechts, S. 23 oben, S. 23 unten, S. 40 unten, S. 41 oben, S. 42 unten, S. 43 unten, S. 32/33 Mitte, S. 33 oben, S. 33 rechts 2. Bild von oben, S. 35 rechts 2. Bild von oben, S. 35 rechts 4. Bild von oben, S. 35 links 2. Bild von oben, S. 36/37 Mitte, S. 44 unten links, S. 45 rechte Spalte (5 Abb.), S. 46 unten links, S. 46/47 Mitte, S. 47 oben Mitte, S. 47 3. Bild von oben, S. 50 unten, S. 51 unten, S. 55 unten, S. 57 unten, S. 58 links oben, S. 64 unten, S. 65 links Mitte, S. 68 unten rechts, S. 70 unten, S. 71 oben, S. 71 unten, S. 73 unten, S. 74 unten, S. 74 rechts (4 Abb.), S. 76 links 3. Bild von oben, S. 76 links 4. Bild von oben, S. 76 oben rechts, S. 77 rechts Mitte, S. 77 rechts unten, S. 78 links unten, S. 82 unten, S. 83 oben, S. 84 oben, S. 84 unten, S. 85 unten, S. 86/87 Mitte, S. 87 rechts oben, S. 87 rechts unten, S. 88 unten links, S. 90 oben, S. 90 rechts Mitte, S. 92 oben, S. 93 oben, S. 94 unten, S. 95 oben, S. 95 unten, S. 100 unten, S. 101 oben, S. 101 unten, S. 115 unten, S. 116 oben, S. 116 unten, S. 117 unten, S. 124 links, S. 124 rechts, S. 125 rechts.

Danksagung:
Die Fotografen und Autoren bedanken sich beim Maison de la France / Atout France (Thomas Schmidt, Monika Fritsch) in Frankfurt, bei der Irland Information (Monika Wörmann) in Frankfurt, beim Polnischen Fremdenverkehrsamt (Magdalena Beckmann-Korzeniowska) in Berlin, bei Olivier, Rémi, Bruno und Sacha der Capitainerie du Port de l'Arsenal in Paris, beim Tourismusverband Mecklenburg-Vorpommern (Tobias Woitendorf) in Rostock, bei der Tourismus-Marketing Brandenburg GmbH (Birgit Freitag) in Potsdam, beim Niederländischen Büro für Tourismus & Convention (Jutta Gühring) in Köln, bei allen Schleusenwärterinnen und Schleusenwärtern und beim Servicepersonal von Locaboat Holidays in Frankreich, Holland, Italien, Irland, Deutschland und Polen, die alle mit Rat und Tat zur Seite standen.

Nur mit Unterstützung von LOCABOAT war es möglich, nach unserem Buch „Reise durch Frankreich mit dem Hausboot" (Verlagshaus Würzburg – ISBN 978-3-8003-1961-9) auch dieses Buchprojekt zu realisieren:
Locaboat Holidays
Ludwigstraße 1, D – 79104 Freiburg
Tel. + (49) (0) 761 – 207 370
info@locaboat.de, www.locaboat.com

Fotografen und Autoren bedanken sich ebenfalls für unvergessliche Erlebnisse bei jeder der unternommenen Hausbootfahrten. Jede(r) hatte seinen/ihren Platz im Team, ob hinterm Steuerrad, beim Schleusen, beim Kochen, beim Einkaufen, beim Kartenlesen, beim Fotografieren und Schreiben. Wir verbrachten schöne und interessante Stunden bei Ausflügen und Landgängen, beim gemeinsamen Tafeln, Spielen und anregenden Gesprächen. Dafür ganz herzlichen Dank an:
Klaus und Elisabeth, Astrid, Brigitte, Dimitri, Dorit, Erika, Fritz, Georg, Helen, Henry, Isolde, Joachim, Joscha, Kurti, Lothar, Lukas, Manu, Maja, Marlene, Matthias, Michael, Monika, Monika, Uli, Peter, Schorsch, Siggi, Xavier....

Ein besonderer Dank für wertvolle Hinweise gilt Charlotte und Christian Huber (www.kinette.ch), Doris und Manfred Sutter (www.traveldiary.de), Peter König, Isabell Schmidt-Mappes, Bertram Janowski und Wolfgang Kohlweiß (www.hunde.at/boot/bootfahren_mit_hund.htm).

Gewidmet ist das Buch Martin Hug, der seine letzte Reise bereits angetreten hat.

Printed in Germany
Repro: Artilitho, Lavis-Trento, Italien – www.artilitho.com
Druck und Verarbeitung: Offizin Andersen Nexö, Leipzig

ISBN 978-3-8003-1944-2